マインドフル・セルフ・コンパッション ワークブック

――自分を受け入れ，しなやかに生きるためのガイド――

著

クリスティン・ネフ
クリストファー・ガーマー

監訳

富田 拓郎

訳

大宮宗一郎　菊地　創
高橋 りや　井口 萌娜

星和書店

The Mindful Self-Compassion Workbook

A PROVEN WAY TO ACCEPT YOURSELF, BUILD INNER STRENGTH, AND THRIVE

by
Kristin Neff, PhD
Christopher Germer, PhD

Translated from English
by
Takuro Tomita, PhD
Soichiro Omiya, PhD
Sou Kikuchi, MA
Rhea Takahashi
Mona Iguchi, MSc

English Edition Copyright © 2018 Kristin Neff and Christopher Germer
Japanese Edition Copyright © 2019 by Seiwa Shoten Publishers, Tokyo

Published by arrangement with The Guilford Press through Japan Uni Agency, Inc., Tokyo

日本語版への序文

　マインドフル・セルフ・コンパッション Mindful Self Compassion（MSC）指導者の富田拓郎氏，大宮宗一郎氏らにより丁寧に翻訳された日本語訳の序文を書かせて頂けることを光栄に存じます。MSC は構造化された 8 週間のコンパッション練習プログラムで，クリスティン・ネフと私が 2010 年に最初に指導して以来，各地に広まっています。このプログラムは日本を含む 22 の言語，30 カ国で現在教えられています。世界中の MSC 指導者と実践者から非常に多くの重要な貢献を受けて，現在ではクリスティンと私は MSC プログラムの開発者というよりも校訂者として役目を果たしています。あなたが手に取った本ワークブックには，セルフ・コンパッションを実践する最も効果的なやり方についての私たちの考え方が記されています。本書はまだセルフ・コンパッションをご存じない方にとってはセルフ・コンパッションの入門書として，また MSC コースを受けている受講生にとっては副読本として書かれています。

　クリスティンと私は，セルフ・コンパッションに世界中で関心が高まっていることに驚いています。私たちがセルフ・コンパッションに興味を惹かれたのは，（本書の「はじめに」で記した）自分自身の生活における個人的な問題を解決したいという単純な思いからでした。それ以来，クリスティンは心理学の研究で，私は心理療法の実践で，セルフ・コンパッションを専門的に探究しました。爾来，セルフ・コンパッションに関する多くの研究が急激に蓄積されるとともに，ヘルスケア，教育，ビジネス，さらには軍など多くの職域でも用いられつつあります。

　セルフ・コンパッションとは新しいものではありません。世界の最高の叡智という伝統の中に静かに秘められた古の実践です。新しいことと言えば，セルフ・コンパッションを裏づける科学的エビデンスとセルフ・コンパッションを育む具体的方法です。しかし時代と文化を超えてなおも一貫しているのは，自分へのコンパッションには偏見があり，他者へのコンパッションは良しとされていることです。皮肉なことに，他者にもっとコンパッションを向けるための最も簡単なやり方は，自分にもっとコンパッションを向けることだと現在明らかになっています。セルフ・コンパッションはまさに謙虚さの産物です。つまり私たちはコンパッションという環の中に自分をまさに含めているのです。

　簡単に他者に流れ込む優しさと理解を，単に自分にある程度向けるというだけで，心身の健康を大きく高めることができます。セルフ・コンパッションが高まると幸福感と感情のウェル・ビーイングを高め，不安や抑うつを低下させ，困難な状況に対処する能力やダイエットやエクササイズのような健康習慣，さらには人間関係の満足感を高めることが研究で示されています。セルフ・コンパッションがあると，より満たされた人間で，不完全かつすべてとなることができて，人生の重要な変化を引き起こす動機づけになります。

　MSC プログラムは仏教心理学，特にマインドフルネス瞑想の実践に着想を得ています。しかし MSC は実証的根拠を持つ世俗化されたトレーニングであり，MSC を実践する人はセル

フ・コンパッションを学ぶにあたり，特定の信条を必要としません。実は，MSC の具体的内容は教える人と学ぶ人のおかげで常に変化しています。MSC で学ぶ主な概要とは，苦しんでいるときを知ること（マインドフルネス）と，優しさと理解を持って反応すること（セルフ・コンパッション）です。幸いに，セルフ・コンパッションは誰でも学ぶことができます。この際，セルフ・コンパッションを実践するさまざまな方法があることを理解し，私たちの様子や生活状況によって実践を創造的に変えていくことが必要です。

　私は幸運にも 2018 年に京都で MSC を教える機会を得ました。そこで参加者のみなさんの真摯な姿とセルフ・コンパッションの繊細な意味合いをひとつひとつ明らかにする力に感銘を受けました。例えばプログラムの終わり近くになって，ある女性がこう話しました。「私はもっと愛情を必要としていたといつも思っていました。でも今はそうではないとわかります。なぜなら私は誰とも離れていないからです」。私はこの話を聞いて落涙しました。なぜなら彼女の心はようやく安らぐことができたからです。私は，日本でセルフ・コンパッションを教えることは子どもを母親のいる自宅に送り届けるようなものだと感じていました。母親も子どももお互いのことをすぐに認識し，再会できたことを心から喜びました。このような状況で，MSC ワークブックの日本語訳が出版されることを喜ばしく思います。そして日本で MSC を実践する人たちの努力により，MSC プログラム自体が長い時間をかけて改善されていくことを期待しております。本書をお読みくださることに心から感謝しております。セルフ・コンパッションがあなた自身の大切な心に幸せと健康をもたらしますように。

クリストファー・ガーマー

ハーバード・メディカル・スクール　精神医学講師（非常勤）

マインドフル・セルフ・コンパッション　共同開発者

謝　辞

　私たち著者がマインドフル・セルフ・コンパッション（MSC）のプログラムを始めたのは 2010 年でしたが，今では MSC を治療に取り入れる臨床家，指導者，研究者のコミュニティが世界に広がりました。今行っているトレーニングプログラムはそうした人たちの知恵を集約し，統合しており，私たちは恵まれた役目を担わせて頂いています。私たちの願いは，コンパッションをこの社会に広めるための賢いコツを一緒に学び続けることで MSC がこれからも進化し続けること，そのためにも私たち自身が自分に優しくなることです。本書を作るにあたり助けて下さった方々に感謝しております。

　現代は，コンパッションの実践と研究がまったくの別物ではなく，東西の知恵が統合しているという良い時代です。このような融合は今までの人類史にはありませんでした。この橋を築く勇気とビジョンを持っていた Dalai Lama, Jon Kabat-Zinn, Sharon Salzberg, Jack Kornfield, Richie Davidson, Sara Lazar, Tania Singer, Pema Chödrön, Thupten Jinpa, Tara Brach, Daniel Siegel, Rick Hanson, Paul Gilbert などの先達に深く感謝致します。こうした人々の努力なしには，セルフ・コンパッションのトレーニングをこの社会の大きな流れの中に持ち込むことはできなかったでしょう。

　私たちが MSC を始めた直後から，多くの仲間がセルフ・コンパッションの価値を理解し，さまざまな形で見返りなしに貢献をしてくれました。そうした仲間をここにご紹介します。Michelle Becker, Steve Hickman, Christine Brähler, Susan Pollak, Pittman McGehee, Kristy Arbon, Lienhard Valentin, Wibo Koole, Hilde Steinhauser, Judith Soulsby, Vanessa Hope, Hailan Guo, Seogwang Snim, Marta Alonso Maynar, Dawn MacDonald, Micheline St. Hilaire などです。特に Steve と Michelle は 2014 年にカリフォルニア大学サンディエゴ校で私たちの MSC 指導者トレーニングを指導し，本書におけるユニークな教授法，さまざまな人にとって安心で効率的な方法を発展させるために大きく貢献しました。このワークブックを使って人生で何かが変わったと感じた人には，是非実際の MSC プログラムに参加して，MSC の活力源であるトレーニングを積んだ優秀な先生たちに会って頂きたいと願っています。（コースの情報は www.centerformsc.org をご覧ください）。

　本書は Guilford Press の編集者 Kitty Moore のサポートがなくては陽の目を見ることがありませんでした。Guilford Press はここ数十年間，世の中をよりよくするために努力しています。そして，本書の一語一句を読み，内容や文体をできる限り読みやすく編集してくれた Christine Benton にも心から感謝しています。

　最後に，今後何年かで私たちに一番近く，一番愛する人々に恩返しができたらと思っています。特にクリスティンの息子ローワンとクリスの妻クレアには本当に感謝しています。彼と彼女の優しい心が本書の読者にも伝わりますように。

目　次

日本語版への序文　iii

謝　辞　v

はじめに　本ワークブックの使い方　1

第1章　セルフ・コンパッションとは何か？　9

第2章　セルフ・コンパッションではないこと　20

第3章　セルフ・コンパッションのメリット　27

第4章　自己批判とセルフ・コンパッションの生理学　34

第5章　セルフ・コンパッションの陰と陽　42

第6章　マインドフルネス　48

第7章　抵抗を手放す　55

第8章　バックドラフト　63

第9章　慈悲を高める　71

第10章　自分への慈悲　76

第11章　セルフ・コンパッションをもった動機づけ　83

第12章　セルフ・コンパッションと身体　92

第13章　セルフ・コンパッションの進行する段階　102

第14章　人生を深く生きる　108

第15章　自分を見失わずに他者のためにそこにいる　118

第16章　辛い感情に向き合う　124

第17章　セルフ・コンパッションと恥　131

第18章　人間関係でのセルフ・コンパッション　140

第19章　介護と子育てのセルフ・コンパッション　148

第20章　セルフ・コンパッションと人間関係での怒り　155

第21章　セルフ・コンパッションと許し　164

第22章　良いことを心から感じてみる　172

第23章　自分の良さを認める　178

第24章　これからの生活でどう取り入れるのか　185

おわりにあたって　188

監訳者あとがき　189

文献，参考資料　192

注一覧　195

ガイド瞑想（英語版）一覧　208

ガイド瞑想（日本語版）一覧　209

索　引　211

監訳者・訳者紹介　214

著者紹介　215

はじめに

本ワークブックの使い方

> 私たちのすべきことは，愛情を探し求めることではありません[1]。自分が自分自身に対して作り上げた，内面のあらゆる壁を探し，見つけることなのです。
>
> ──ジャラール・ウッディーン・ルーミー

　私たちはだれでも愛情への壁を作り上げています。人間として生きる上での厳しい現実から自らを守るために，そうしなければならなかったのです。でも自分が安全に守られていると感じることのできる方法がもうひとつあります。それは自分の苦痛にマインドフルに向き合い，困難なときにこそ自分へコンパッション（思いやり）と優しさとサポートを持ちながら接することです。これで物事は変わり始めます。内面や外面の不完全さはあっても，自分自身と自分の人生を大切にできるようになるのです。さらに，力強く生きていくための強さを，自分自身に与えることができるようになります。セルフ・コンパッション（自分への思いやり）に関する研究は過去10年間で格段に増え，それがどんなに心身の健康や幸せに有益であるかが証明されています。つまり，セルフ・コンパッションが高い人ほど，幸福度や人生への満足感[2]，動機づけ[3]，人間関係[4]，身体的な健康状態[5]が良く，不安や抑うつが低い[6]のです。加えて，ストレスフルな出来事（例：離婚[7]，健康危機[8]，学業不振[9]，そして戦争トラウマ[10]すらも）に立ち向かうレジリエンス（困難や苦境から迅速に回復する力）も高いとされています。

　しかし困難に直面したり，苦しんでいたり，失敗したり，ダメだと感じているときは，起こっていることに対してマインドフルでいるのは難しいものです。叫んでテーブルにこぶしを打ち付けるほうがよっぽど簡単です。起こっていることが気に入らないだけでなく，自分はどこかおかしいんじゃないかとすら思うこともありますよね。ほんの一瞬で，「こんな気持ちは**嫌い**だ」から「こんな気持ちに**なりたくない**」と感じた気持ちが，「こんな気持ちを感じている**べきではない**」とか，「こんな気持ちを感じる自分はどこか**おかしいんだ**」とか，「自分は**ダメだ！**」とエスカレートすることがあるのです。そんなときこそセルフ・コンパッ

> 自分自身が自分の不完全さを大切にできるようになると，力強く充実した人生を生きるためのレジリエンスが身につくのです。

> セルフ・コンパッションとは苦しいさなか、マインドフルネスという大切なものから生まれるのです。

ションが役に立ちます。自分の人生をよりマインドフルに過ごすよりも前に、「人間って大変だ」と自分自身をなだめて落ち着かせてあげることもときどきは必要です。

　セルフ・コンパッションは、人生の困難に直面しているときに、重要となるマインドフルネスから生まれるものです。マインドフルネスは、愛とさまざまな気づきを伴いながら、苦しみに**向き合える**ようにしてくれます。そしてセルフ・コンパッションでは「苦しみの渦中にいるときこそ自分に優しくしよう」と付け加えます。人生で困難なときでも、マインドフルネスとセルフ・コンパッションはともに、愛情深く、今とつながりのある状態を作り出してくれるのです。

マインドフル・セルフ・コンパッション

　マインドフル・セルフ・コンパッション（Mindful Self Compassion：MSC）は、セルフ・コンパッションを強化するために特に作られた、最初のトレーニングプログラムです。確かに、マインドフルネスストレス低減法[11]やマインドフルネス認知療法[12]など、マインドフルネスをベースとしたトレーニングプログラムもセルフ・コンパッションの強化[13]につながります。しかし、この場合はどちらかというとマインドフルネスを育むことで生まれる副産物に近く、直接的な結果とは言えないかもしれません。そこで日々の生活でセルフ・コンパッションを実践できるようになるためのスキルを一般の人たちに教える方法として作られたのがMSCです。MSCは8週間のコースで、トレーニングを受けた指導者が8～25人の参加者を対象に週1回2.75時間のプログラムの実施に加えて、半日の瞑想リトリートを行います。プログラムの効果は長期間保たれ、セルフ・コンパッションとマインドフルネスを高め、不安と抑うつを低減させ[14]、全体的なウェル・ビーイングを改善し[15]、糖尿病患者の血糖値レベルも安定させる[16]という研究結果が出ています。

　MSCのアイディアは、2008年に本書の2人の著者が専門家向け瞑想リトリートで出会ったときに生まれました。著者のひとり（クリスティン）は発達心理学者でセルフ・コンパッション研究のパイオニアです。もうひとり（クリス）は1990年代半ばから先駆的にマインドフルネスを心理療法に取り入れている専門家です。私たちはそのリトリート後に空港への車に同乗し、2人のスキルを組み合わせることでセルフ・コンパッションを教えるプログラムが作れるのではないかと気づいたのです。

　私（クリスティン）が最初にセルフ・コンパッションのアイディアに出会ったのは1997年のことでした。私は大学院の最終年次でしたが、人生ははっきり言ってめちゃくちゃでした。離婚したばかりでしたし、学業のストレスも膨大だったのです。そこで仏教の瞑想を学んで

やってみようと思いました。すると驚くことに，そのクラスを教えていた女性がセルフ・コンパッションを育むことがどんなに大切かを話していたのです。仏教では他者へコンパッションを向けることがどれほど重視されているか，当時の私はもう知っていましたが，**私自身に**コンパッションを向けるというのは想像すらしませんでした。当時，私が最初に感じたことは，「え？自分に優しくするなんてことが**許されるの？** それって自己中心的じゃない？」でした。けれども，なんとしてでも心の平安を取り戻したかったものですから，自分でやってみたわけです。するとすぐに，セルフ・コンパッションがどんなに役立つかに気づきました。自分が苦しんでいるときに，自分自身がサポーティブなよき友達でいられるようになったのです。自分に優しくなり，批判的にならないようになると，私の人生はガラッと変わりました。

　博士号を取得したあと，自尊心研究の第一人者のところで2年間の博士取得後の若手研修を行ったのですが，ここで自尊心の欠点も学ぶことになりました。自尊心とは自分に自信を持つためには役に立つのですが[17]，「特別であり，平均より上」であろうとする強い気持ちがあると，自己愛が強くなったり，他者と常に比較したり，自我防衛的な怒りや偏見につながったりすることが明らかになりました。自尊心のもう一つの課題は，条件付きのものになりやすいということです。つまり成功を収めたときに得るものであり，失敗したときにはなくなってしまうというものです。失敗したときほど，本当は必要なはずでしょう！　そこで，セルフ・コンパッションならば自尊心の代わりとして完璧ではないかと気づいたのです。セルフ・コンパッションは完璧であることや，他人を上回ることを必要とせずに，自己に価値を与えるからです。こうした経緯で，テキサス大学オースティン校の准教授になってから，セルフ・コンパッションの研究に注力することにしました。このときは，セルフ・コンパッションを学問的に研究している人は誰もいませんでした。だからセルフ・コンパッションとは何かという定義からスタートし，セルフ・コンパッションの測定方法を考えました。これが，今では山ほどあるセルフ・コンパッション研究の始まりでした。

　しかしセルフ・コンパッションが役に立つとわかった**本当の**理由は，自分の体験があったからです。私の息子ローワンは2007年に自閉症と診断されました。それは今までの人生で一番辛い経験で，セルフ・コンパッションを実践せずにいたら，乗り越えられたかすらわからないほどです。診断を聞いた日のことは今でも鮮明に覚えています。あれは瞑想リトリートに向かう途中のことでした。夫にこの診断のことを一緒に考えるためにリトリートはキャンセルして帰ると言ったのですが，彼は「ダメだよ。リトリートに行ってセルフ・コンパッションとやらをやっておいで。そして帰ってきたら僕を助けて」と言ったのです。ですから，リトリート中，自分にありったけの思いやりを注ぎました。自分の感じていることを批判せずに，ありのままで感じてみたのです。感じる「べきではない」と思った感情も，がっかりした気持ちや，不合理な恥という感情すらも感じてみました。息子のことは世界で一番愛しているのに，こんな感情を持つなんてどういうこと？と思ったにもかかわらずです。心を開いて，そういう感情も迎え入れなければならないことはわかっていました。このときの悲しみ，苦悩，恐怖といったすべてに自分自身を委ねてみました。すると比較的すぐに，セルフ・コンパッションを実践すること

で自分が安定するとわかりました。セルフ・コンパッションは自分が困難を乗り越えるために役に立つだけでなく，ローワンにとってベストで，無条件の愛を持つ一番の母親になるためにも必要なのだ，と気づいたのです。その気づきがどれだけ状況を変えてくれたことでしょう！

　自閉症児には感覚過敏があるため，激しいかんしゃくを起こしやすいのです。そんなときに親としてできる唯一のことは，嵐が去るまで子どもの安全を守ることです。息子も見た目にはわからない彼なりの理由で，スーパーで叫んだり，身体を揺さぶったりすることがありました。そうなると周りの人からちゃんとしつけていないんじゃないかという酷な視線をよく浴びたものです。こうした時には，セルフ・コンパッションを実践して乗り越えていました。困惑したり，恥ずかしいと感じたり，ストレスを感じたり，どうしようもできないと感じたりする自分をなだめ，心の底から必要としていた感情的なサポートを折に触れて自分に与えていました。セルフ・コンパッションを実践することで，私は避けては通れないようなストレスや絶望感を感じながらも，怒りや自己憐憫に翻弄されずに，忍耐強さと愛情を持ってローワンに接し続けることができたのです。もちろん負けそうになったことがないわけではありません。何度もありました。でも，セルフ・コンパッションを実践することでより早く回復して，ローワンにとって改めてサポーティブで愛情たっぷりの母親となることができました。

　私（クリス）も主に自分の体験を通じてセルフ・コンパッションを学びました。1970 年代後半から瞑想を実践し，1980 年代の初めに臨床心理士になり，マインドフルネスと心理療法の学習グループに参加しました。マインドフルネスと心理療法の両方に注力した結果，*Mindfulness and Psychotherapy*[18] という書籍の出版へとつながったわけです。マインドフルネスがどんどんポピュラーになるにつれ，人前で話してほしいと頼まれることが増えました。けれども当時，私は公の場で話すときに大きな不安を感じていました。大人になってからは瞑想を定期的にやっていたし，不安に対処する本にあった臨床的なコツすら実践したにもかかわらず，公の場で話す前には必ず心拍数が上がり，手汗をかき，物事をはっきりと考えられなくなっていました。そんな私にも大きく変わるきっかけが訪れました。それは，自分が企画を手伝ったハーバード・メディカル・スクールでの学会での講演の予定でした（なるべく公の場で話す練習をしようと，あらゆる機会を使っていたのです）。それまでは，メディカル・スクールでは臨床指導者としてなんとか陰に隠れていたのですが，この日は立派な同僚に向かってスピーチをしなければならないだけでなく，恥ずかしい秘密を暴露しなければなりませんでした。

　経験豊かな瞑想の先生から，慈悲の瞑想をやってみたらどうかとアドバイスを受けたのはその頃でした。「安全でいられますように」，「幸せでいられますように」，「健康でいられますように」，「心の平安とともに生きられますように」という言葉を心の中で繰り返すようにとのアドバイスをもらい，やってみたのです。それまで何年も瞑想を行ってきたし，心理学者として自分の内面と向き合ってきたのですが，ここまで自分に優しく，なだめるようなやり方をしたことはありませんでした。このアドバイスを実践し始めるとすぐに気分も良くなり，内面の心もよりクリアになり始めました。それからは，瞑想するときには，慈悲の瞑想を最初に行うよ

うにしています。

　当初の学会が近づくにつれて，予想通りに不安の波が押し寄せてきましたが，そのたびに，連日連夜，慈悲の瞑想の言葉を心の中で繰り返し唱えました。落ち着くためにやっていたというよりは，そのほかに**できること**がなかったからです。そして，ついに学会当日がやってきました。名前を呼ばれて登壇すると，いつも通りに恐怖が押し寄せてきました。ただ今回は何かがいつもと違ったのです。自分のどこかから，「安全でいられますように，幸せでいられますように……」とかすかに聞こえてきました。その瞬間，初めて何かが起こり，恐怖に取って代わったのです。そう，これこそ**セルフ・コンパッション**です。

　振り返ってみると，公の場で話すときに感じる不安をマインドフルに受け入れることができたことに気づきました。公の場で話すときに不安を感じるからといって，とどのつまり，これは**不安障害**ではありません。**恥** shame の障害です。そして，この恥の感情は私にとって耐え難いほど大きかったのです。不安が大きすぎてマインドフルネスの話ができないなんて！　私はあたかも詐欺師のように，自分には能力がなくてバカじゃないかと感じていました。けれどもその運命を変えた日に発見したのは，人間は特に恥という強い感情に飲み込まれていると，その一瞬の経験を感じとる前に，まず自分自身を維持しなければならないことがある，ということです。こうして私はセルフ・コンパッションを学び始め，自分の身をもってこれを経験したのです。

　2009 年に，*The Mindful Path to Self-Compassion* という本を出版しました[19]。この本の目的は自分が学んだこと，特にセルフ・コンパッションが実際の臨床でどのようにクライアントの役に立ったかを伝えることです。その翌年，クリスティンが *Self-Compassion* を出版しました[20]。その本で彼女は個人的な体験を記し，セルフ・コンパッションについての理論と研究を検討し，そして，セルフ・コンパッションを育むテクニックをいくつも紹介しました。そして 2010 年，2 人共同で初めての MSC プログラムを行いました。それからは，私たちだけでなく，世界中の指導者や臨床家が多大な時間とエネルギーを注ぎつつ，MSC をより安全にできる，誰にでも効率的なプログラムへと発展させるべく，手助けしてくれています。このプログラムの有効性はいくつもの研究で証明されており，現時点で世界中の何万人もの人が MSC のプログラムを修了しています。

本書の使い方

　このワークブックでは，セルフ・コンパッションをすぐに実践できるように，MSC で取り上げられる内容の大部分をわかりやすく記しています。このワークブックを使う人の中には今 MSC のコースを取っている人もいるかもしれません。そして，以前学んだことの再確認で使うという人もいるでしょう。しかし，ほとんどの人はこのワークブックで初めて MSC に触れることと思います。このワークブックは，日常生活でもっとセルフ・コンパッションを感じられるようになるスキルをひとりでも学べるように作られています。MSC コースの一般的な

進め方に従って，各章は細かく順を追ってスキルをひとつずつ段階的に習得できるように構成されています。各章ではまずセルフ・コンパッションの各トピックに関する情報を記し，そのあとで各トピックを日常生活で行う実践 practice やエクササイズ exercise が示されます。そして，ほとんどの章には MSC コースに参加した人の個人的な経験も取り入れていますので，実践することで実際にどのように自分の人生に応用できるのか，見ることもできます。もちろん参加者のプライバシーを守るため経験談は複数の人の経験を合わせたもので，名前は仮名です。また本書では，一個人を指す時には男性人称と女性人称を交互に使います。これは私たちの言葉が進化する中で，読みやすさに配慮しながらも，どちらか一方の人称を軽んじているわけではないという考えによるものです。あらゆる読者にとって，本書では自分のことが含まれているのだと感じてもらえたらと，心から願っています。

　各章は順番通りに読み進めることをお勧めします。読んだら，実践を何度か行う時間をしっかり取ってから先に進んでください。具体的なやり方の目安は，1 日 30 分，1 週間に 1 ～ 2 章分の実践練習を行うと良いのですが，あくまで自分に合ったペースで進めてください。あるトピックをいつもより時間をかけて重点的に練習するという場合は，それで良いのです。自分に合ったプログラムにしてください。MSC の有資格指導者から対面でのコースを受けたいという人は，www.centerformsc.org からお近くで開催予定のプログラムを見つけることができます。さらに，オンライントレーニングも行っています。MSC の理論，研究，臨床実践についてもっと学びたいという専門家の皆さんには，Guilford Press から 2019 年 8 月に出版された専門家向け MSC 指導者ガイド[21]［訳注：星和書店より日本語版出版予定］を読むことをお勧めします。
　このワークブックのアイディアや実践は，科学的研究に基づいています（本書の末尾に関連の研究論文について記載しています）。しかし，私たちが今まで何千人もの人たちに，セルフ・コンパッションをさらに使うにはどうしたらいいのかを教えてきた経験に基づいています。MSC プログラムそのものが一つの有機体であり，私たちと参加者とが一緒に学び成長していくにつれてプログラムもどんどん成長していくのです。

　さらに，MSC は心理療法ではないのですが，心理療法的な要素があります。人生を生きていく上で困難はつきものですが，MSC を通してセルフ・コンパッションのリソースを自分の中に見つけることができ，よりうまく乗り越えることができるようになるはずです。同時に，セルフ・コンパッションを実践していく上で，ときには古傷がうずくこともあるかもしれません。したがって，過去にトラウマ経験を持つ方や，現在メンタルヘルスの問題で苦しんでいる方には，セラピストの指導の下でこのワークブックを読み進めることをお勧めします。

実践のコツ
　このワークブックを進める上で，効果を最大限に生かすためには以下のことを心掛けてください。

はじめに：本ワークブックの使い方　7

- MSC は今まで踏み入れたことのない未知の領域へと連れて行ってくれる冒険の旅です。だから予想もしない経験をすることがあります。これを**自己発見**や**自己変革**の実験ととらえ，アプローチすると良いでしょう。自分の体験という研究室で実験してみましょう。そして何が起きるのか，見てみましょう。

- マインドフルネスとセルフ・コンパッションのスキルをこれからたくさん学びますが，自分に合うように上手にしつらえて作ってみてください。目標がどこなのか，**最も上手に教えてくれるのは自分**なのですから。

- 苦しみに新しい向き合い方をする上で，うまくいかないことも出てきます。きっと不快な感情や，辛い自己批判も経験することでしょう。でも幸いなことに，この本の目的はそういった経験に対処できるようになるための感情のリソース，スキル，強さ，そして能力を作り上げることです。

- セルフ・コンパッションの作業は時に難しいこともありますが，目的はなるべくやりやすく簡単な実践方法を見つけることです。理想的に言えば，セルフ・コンパッションを行っているときには，通常より**ストレスは少なく**，**努力や力**は必要ありません。

- セルフ・コンパッションの学びは遅くていいのです。自分を追い込みすぎたらセルフ・コンパッションの目的と逆ですし，実践もできません。何よりも大事なのはマイペースで，ということです。

- このワークブック自体が，セルフ・コンパッションの練習場です。ですから，このコースへのアプローチの仕方も，セルフ・コンパッション的であるべきです。つまり，手段も目的も一緒だということです。

- 重要なことは，本書を進める際にどのように**広がって**，どのように**閉じる**のか，自分のあるがままにさせておくことです。肺が拡張したり収縮したりするように，感情やマインドも広がったり，閉じたりするのです。セルフ・コンパッションとは必要なときには閉じて，何かが自然と起きたときにはふたたび広がるようにさせることです。広がろうとするときには，笑ったり，泣いたり，もっとはっきりした思考や感覚が出てきます。閉じようとするときには，注意散漫になったり，眠くなったり，困惑したり，何も感じなくなったり，自己批判的になったりします。

- 広がったり閉じたりする間，バランスの取れたところがどこかを確かめておきましょう。シャワーの蛇口を閉めているときと全開のときの間では，水量をいろいろ調節できますよね。これと同様に，自分がどのくらい正直に向き合えるかを自分で調節することができます。あなたにとって必要なことはさまざまに変わります。あるスキルを練習するのにふさわしい状況ではないこともあるかもしれません。またそのスキルを自分がまさに必要とすることもあるかもしれません。**自分の感情に対して安全である**

> セルフ・コンパッションに関する最も本質的で重要な質問とは，「今，自分には何が必要か？」ということです。これは本書の一貫したテーマです。

かどうかの責任は自分でとってください。自分にとってその場でいいと思えないことは無理にしないでください。あとから戻ってきても良いですし，信頼できる友達やセラピストの手助けや指導の下で練習しても良いのです。

本書の構成

このワークブックはさまざまな内容で構成されており，その一つ一つに明確な意図があります。各章の初めには，わかりやすい説明が書かれています。

本書には多くの記入式エクササイズがあります。これは当初，1回だけ実施するつもりで書いたのですが，一度やってから日を変えて再度やってみて何か変化があるかどうか，観察してもかまいません。**インフォーマルな実践** informal practices は毎日の生活で定期的かつインフォーマルに行うためのものです。例えばスーパーのレジに並んでいるときなど，必要な時にいつでも行います。日記を書くなど，時間を取って行う必要のあるものもあります。**瞑想** meditation は効果を最大限に引き出すため定期的に行うべきフォーマルな実践 formal practices です。邪魔の入らない，静かで落ち着ける環境で行ってください。

実践を行った後は，振り返り reflection のセクションとなります。ここでは実践で得た経験をよりよく理解し，自分の体験として取り上げます。自分にとってどんな感情や思考が浮かんでくるか考えるのに役立つ，基本的な質問やディスカッションのテーマを記したところもあります。不快な反応と敢えて向き合わないといけないときもあるでしょう。自分の反応にどう対処するのか，多少のアドバイスも載せていますので，参考にしてください。振り返りの部分は，静かに黙ってやるのが好きな人もいますし，専用のノートを1冊作って書き出すのが好きな人もいます。そのノートは，エクササイズの問いの答えを書くのにも使えます（また，ワークブックに書き込んだことを誰かに読まれる心配がある場合にも良いアイディアです）。一番大切なのは，自分にとって楽しめるように，効果があるような方法で進めることです。そうすることで長続きします。

本ワークブックを進める際には，瞑想とインフォーマルな実践のどれかを組み合わせて1日30分行うことを目標にすると良いでしょう。MSCの研究では，MSC参加者がどれほどセルフ・コンパッションを育めるかは，実践した時間と関係することが示されていますが，インフォーマルな実践とフォーマルな実践での違いはありません。

：エクササイズは一度やれば良いが，繰り返しても良い。

：**インフォーマルな実践**とは日常生活を通じてインフォーマルに，かつ頻繁に行う実践である。

：**瞑想**は定期的に行うフォーマルな実践。瞑想するために特に時間をとって行う。

第1章

セルフ・コンパッションとは何か？

セルフ・コンパッションとは，大変な状況にある友達が，仮にもこの大変な状況を振り払ったり，うまくいかないと感じたり，あるいは辛い人生の課題に直面しているさなかであったとしても，その友達に接するように，自分に接することです。

> セルフ・コンパッションを用いると，自分自身を敵から味方にすることができます。

西洋では，苦しんでいる友達，家族，隣人に親切であることを重んじます。しかし，自分のこととなるとそうではありません。セルフ・コンパッションは，自分が最も必要なときに自分のよき友になること，つまり，自分の敵ではなく味方になることを身につける実践なのです。でも，普通は他者に優しく接しても，自分には優しく接していないものです。

「人から自分にしてほしいことを他人にもしなさい」とよく言われます。でも自分にしていることを，他人にはしたくないはずです！　彼氏から振られた親友から電話がかかってきた場面の，こんな会話を想像してください。

電話をとって「やぁ，調子はどう？」と言います。

友達は泣きながら「最悪」と言います。「マイケルって男と付き合ってたの知ってるでしょ？　離婚して以来，はじめて本当にワクワクした人だったの。でも昨日の夜に彼から私が彼にプレッシャーを与えすぎてるから，単なる友達にもどりたいって言われたの。悲しすぎてどうしたらいいかわからない……」と続けます。

あなたはため息をついて，こう言います。「正直言うとねぇ，おそらくだけど，あなたが年増で，ブスで，つまらないからよ。かまってちゃんで，人に依存しすぎる性格だってことは，言うまでもないけどね。それに10キロほど太ってるしね。私だったら，これからも自分を愛してくれる人が見つかる望みなんてないから，今のうちに諦めると思うけど。はっきり言ってあなたにパートナーを持つ資格なんてないしね！」。

こんなこと，あなたが気にかけている人に実際に言えるでしょうか？　もちろん，無理ですよね。でも，同じような場面で自分にはこんなことが簡単に言えてしまう。もしかしたら，もっ

とひどいことを言っているかもしれません。セルフ・コンパッションをもてば，大切な友達に話すように自分にも話しかける方法を身につけることができます。「かわいそうに。大丈夫？ きっと動揺しているよね。私はいつでもここにいるってことを覚えておいてね。そして私にとってあなたはとても大切な人だってこともね。何か私にできることはある？」というように。

　大切な友達に接するように自分にも接するというのが，セルフ・コンパッションを簡単に理解するやり方ではありますが，もっと完全な定義では**自分への優しさ，共通の人間性，マインドフルネス**[22] という3つの中核要素があり，私たちが苦痛を感じるときに自分たちを支えていくものとなります。

自分への優しさ *Self-Kindness*：

　何かを間違ったり，失敗したりしたとき，私たちは肩を組んで励ますよりも，自分を責める傾向にあります。思いやりがあるのに，自分のこととなると痛めつけてしまう人もいますね（もしかしたらあなたもそうかもしれませんね）。自分への優しさとは，これと真逆のことを意味します。つまり，他人に優しくするのと同じように自分にも優しくするということです。自分の欠点に気づいたときに厳しく批判するのではなく，サポーティブに自分を励ますことで傷つくことを防ぎます。自分を欠陥品であると攻撃して非難するのではなく，温かく無条件に自分を受け入れるのです。同様に，自身を取り巻く環境が困難な状況で，耐えられないほど苦しいと感じているときも，自分自身を積極的になだめて *soothe*，**落ち着かせる** *comfort* のです。

> 　テレサは自分に優しく接することができたとき，とてもワクワクしたと言います。「やった！ できたなんて信じられない！ 先週オフィスでのパーティーで，同僚につい不適切なことを口走っちゃったの。でもそのことで自分を責めて悪口を言うんじゃなくて，自分に対して親切に接して，理解してみようとしたの。自分に，『ちょっとやっちゃったね，でもだからって世界の終わりじゃない。ベストなやり方じゃなかったけど，頑張ろうとしてたわ』と言ってあげたんです」。

共通の人間性 *Common Humanity*：

　お互いに結びついているという感覚はセルフ・コンパッションで重要なものです。これをわかりやすく言うと，人間は誰でも欠点がありながらも成長を続ける存在で，人生の中で誰しも失敗するし，間違いを犯すこともあるし，困難なことに直面することもあると認識することです。セルフ・コンパッションで大切なのは，誰にとっても例外なく，人生の歩みが困難を伴うという避けることのできない事実です。人生には苦しいこともあるなんて当然のように聞こえますが，忘れがちなものです。物事はうまくいく「はず」で，うまくいかなかったら何かが間違っているに違いないという信念にとらわれてしまいます。もちろん，私たち

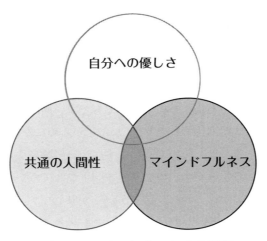

セルフ・コンパッションの3要素

が日常的なミスや困難を経験することはよくあることですし，むしろ避けることはできません。それが当然で普通なのです。

しかし，このようなミスや困難に冷静に向き合うことは，そう簡単ではありません。そうではなく，苦しみを味わうばかりか，その苦しみの渦中でたったひとり孤立しているように感じるのです。でも，痛みが，人間誰もが味わう経験の一部であることを思い出すことができれば，あらゆる苦しみの瞬間が，他者とのつながりを感じる瞬間に変わります。私が苦しい時に味わう痛みと，あなたが苦しい時に味わう痛みは同じなのです。状況や痛みの差はありますが，人間として苦しんでいるという根本的な経験は同じなのです。

> テレサはこう続けました。「人間だれだってつい口が滑ってしまうことがあることを思い出して自分に語りかけました。常に正しいことしか言わないように自分に要求するなんてできないわ。口が滑ることがあっても当然なのよ」。

マインドフルネス Mindfulness：

マインドフルネスとは，わかりやすくバランスの取れたやり方で，瞬間瞬間の経験に気づきを得ることです。つまり，今この瞬間という現実にオープンで，気づきをもたらすあらゆる思考，感情や感覚を抵抗したり回避をしたりせずに受け入れるということです（マインドフルネスについては第6章で詳しく説明します）。

セルフ・コンパッションにとって，なぜマインドフルネスが大切なのでしょうか？ それは，私たちが困難な状況におかれているとき，その困難にしっかり向き合って認識し，長期にわたって配慮や優しさをもって応えながら，痛みとともに「あり」続けるために必要だからです。苦しみは目を閉じてもわかるほど露骨ですが，抱える痛みの程度を意識している人

はあまりいません。特に，自己批判の結果，その痛みが生じているときは見過ごしがちです。また困難に直面した場合も，その困難がいかに苦しいのかに意識を向けることを忘れてしまうほど，問題解決モードにとらわれてしまうのです。マインドフルネスは，痛みを伴う考え方や感情を避けることとは逆に，自分にとってのありのままの経験と向き合う機会を与えてくれます。たとえその経験が不快なものであってもです。同時に，マインドフルネスは，ネガティブな思考や気持ちに飲み込まれたり，"がんじがらめになったり"，嫌悪的反応にとらわれたり，流されたりすることも防いでくれます。辛い経験について考え込んでも，視野が狭まり，経験が誇張されるだけです。つまりマインドフルでないと，失敗したことが「自分はできそこないだ」とエスカレートし，自分ががっかりしていることが「自分の人生そのものが期待外れだ」となってしまいます。しかし，マインドフルに痛みを観察する場合，その痛みを無駄に誇張することなく意識することができ，自分自身や自分の人生をより聡明で客観的な視点から捉えることができるのです。

　セルフ・コンパッションを身につけるための最初のステップは，実はマインドフルネスです。物事に対して新しいやり方で対応するには，今の心のありようを知る必要があります。そこで，テレサはオフィスでのパーティーで失言した直後に，チョコレートで悲しみを紛らわす代わりに，起きたことに向き合う勇気をかき集めました。

　テレサは，こう付け加えました。「その瞬間どんなに嫌な思いをしたか，まず意識しました。起こって欲しくはなかったけど，実際に起きてしまいましたからね。自己批判で我を忘れることなく，恥ずかしい感情，頬が紅潮した状態，頭に血が上る状態と実際に共存することができたのは素晴らしい経験でした。そのような感情が私を殺すわけでもないし，時間が経てば消えていくものだとわかりました。そして実際，そのような時間と共に薄れていきました。自分にちょっとした言葉もかけたし，翌日その同僚にも謝って，なんで昨日のような発言をしたのか説明しました。そして，すべて元通りに戻りました」。

　思いやりを持ち，現在とのつながりを育むことで，他人や自分を取り巻く世界との関係が変わり得るのです。

思いやること *loving*（自分への優しさ），つながること *connected*（共通の人間性），**存在すること** *presence*（マインドフルネス）は，セルフ・コンパッションの3つの中核要素を言い換えたものです。自分を思いやり，現在とつながり，自分自身や他者とつながるとき，世界は変わるのです。

 <u>エクササイズ</u>

友達にどう接しますか？

- 目を閉じて，以下の質問について少し考えてみてください。
    - 親しい友達が何らかの原因で苦しんでいる場面を想像してみてください。友達に不幸なことが起こったり，何か失敗したり，自分を欠陥品だと感じていたりするような場面です。その一方で，あなた自身はある程度落ち着いた気持ちでいるとします。いつものあなたなら，こういうときに友達にどう対応をしますか？ どんな言葉をかけますか？ どんな口調で話しますか？ どんな態度でしょうか？ 非言語的な姿勢や身ぶり・態度は，どんな感じでしょうか？

- 思い浮かんだことを書き出してください。

_____
_____
_____
_____
_____
_____
_____
_____
_____
_____
_____
_____
_____
_____
_____

- 次に，また目を閉じて以下の質問について考えてみてください。

  ☞ 今度は反対に，あなた自身がなんらかの原因で苦しんでいる場面を想像してみてください。何か不幸なことがあったり，失敗したり，自分を欠陥品だと感じていたりするような場面です。いつものあなたなら，このような状況で自分自身に対してどんな対応をしますか？　どんな言葉をかけますか？　どんな口調で話しますか？　どんな態度でしょうか？　非言語的な姿勢や身ぶり・態度は，どうでしょうか？

- 思い浮かんだことを書き出してください。

- 最後に，友達が苦しんでいる場面での友達への接し方と，自分が苦しんでいるときの自分への接し方の違いについて考えてください。何かパターンがありますか？

第1章 セルフ・コンパッションとは何か？ 15

振り返り

このエクササイズをしている間，どんなことが浮かんできましたか？

このエクササイズをすると，多くの人が，友達への接し方と比べて，自分自身に対していかにひどい扱いをしているかに気づき，ショックを受けます。仮にあなたもそうだとしても，あなた1人だけではありません。予備的な研究データでは，圧倒的大多数の人々は自分より他者にコンパッションを持って接しているということを示しています。私たちの文化では，日頃から自分自身には優しくしないので，これまでの人生で培った習慣と逆のことをするために，自分自身との関係を変える練習を意識して行う必要があるのです。

エクササイズ
セルフ・コンパッションを使って自分と関わる

今抱えている困難について考えてください。ただし，あまり深刻すぎないものを選んでください。例えば，パートナーとけんかして言わなきゃよかったと思うことを言ってしまったことはありませんか？ あるいは，担当の仕事でミスをしてしまい，会議中に上司から名指しで叱責されるんじゃないかと不安になっている，といった類です。

• ここで取り上げる状況を書いてみます。

_____
_____
_____
_____
_____
_____
_____
_____
_____
_____
_____
_____
_____

- まず，その状況の本筋からかけ離れている可能性があるにもかかわらず，何の考えもなしに受け入れしまっているものは，どんなことでも書き出しましょう。想像し得ることをすべて書き出しましたか？　誇張したりしていませんか？

  例：言い合いになったことが原因で関係が終わってしまうと考えたり，小さなミスだったにもかかわらず，解雇されたらどうしようなどと不安に陥ったりしていませんか？

  _____
  _____
  _____
  _____
  _____
  _____
  _____
  _____
  _____
  _____
  _____
  _____

- 次に，誇張したり，過度に感情に振り回されたりせずに，その状況で感じた痛みをマインドフルに意識できるかどうか，やってみてください。どんな苦しい気持ちや不快な気持ちも，なるべく客観的かつ中立的に書き出してください。そして，感情に巻き込まれすぎないようにしながら，その状況がどの程度困難なのかを確認してください。

  例：「この出来事がきっかけで上司とトラブルになるんじゃないかと思うと本当に怖い。まさにこの瞬間にこういう気持ちになるのは，自分にとっては難しいことだ」。

  _____
  _____
  _____
  _____
  _____
  _____
  _____
  _____
  _____
  _____
  _____

- 次に，こんなこと起こるべきじゃなかったとか，こんな目に遭うのは自分だけだといったことをイメージしながら，そんな状況で感じる孤立感を書き出してください。

例：自分がこなす仕事はパーフェクトであるべきで，ミスをするなんて普通じゃないと思いこんではいないでしょうか？　ほかの人だったら，こんなミスをするわけがないと思い込んでいないでしょうか？

- 次に，共通の人間性を持ってその状況を振り返ってください。このような感情を抱くのはどれくらい普通なことか，そしておそらく多くの人が自分と似たような気持ちを経験しているということの気づきを自分に対して促しましょう。

例：「仕事でミスをしたら怖くなるのはきっと普通のことだよ。誰だって時にはミスをするものだし，自分がまさに今直面しているような状況と似たような状況に置かれた人だって何人もいるはず」。

- 次に，起きた出来事に関して自分への批判を書き出してください。

  例：自分に対して（「この大バカ者が」）となじったり，自分に厳しく当たったりしすぎていませんか（「お前はいつもミスばかりだ。いつになったら学習するんだ」）？

  _____

  _____

  _____

  _____

  _____

  _____

  _____

  _____

  _____

  _____

  _____

  _____

- 最後に，あなたが今抱いている不快な感情に対応するための，自分にとって優しい言葉を書いてみましょう。大切な友達に言ってあげるような，穏やかでサポーティブな言葉を使って書いてみましょう。

  例：「今とても怖いんだね。でもきっと大丈夫だよ。何が起きても，自分はいつもここにいてサポートするからね」といった言葉や，「ミスをしたって大丈夫だし，ミスしたことでどんなことになってしまうか怖いと思うことも当然だよ。君がベストを尽くしたって，私はわかっているよ」。

  _____

  _____

  _____

  _____

  _____

  _____

  _____

  _____

  _____

  _____

振り返り

　この練習はどうでしたか？　少し時間を取って，今感じている感情をあるがままに受け入れ，ありのままの自分でいられるようにしましょう。

　このエクササイズに取り組むことで，マインドフルネス，共通の人間性，自分への優しさを含んだ言葉を使いつつ，穏やかで快適な気持ちになれると感じる人もいます。こうした言葉が自分にとってサポーティブと思えるのであれば，このやり方で自分をケアするときの気持ちを体験してみてはいかがでしょうか？

　しかしこのようなエクササイズをすると，違和感があったり，イヤな気分を感じたりする人もいます。もし，あなたがこのような感想を持ったのであれば，新しい習慣を身につけるには時間がかかることを理解し，自分のペースで経験を積み重ねたほうがいいと考えてみてはいかがでしょうか？

第2章
セルフ・コンパッションではないこと

　よくこんな疑問を言われることがあります。それはセルフ・コンパッションを持つことは果たしてよいことなのか，あるいはセルフ・コンパッションがありすぎてしまうのではないか，ということです。西洋ではセルフ・コンパッションを美徳としない傾向にあり，多くの人が自分に優しくすることに対してとても懐疑的です。こうした疑問があると，セルフ・コンパッションを使いにくくなるので，しっかり向き合うことが望ましいと言えます。

エクササイズ
セルフ・コンパッションへの疑問

- あなたが個人的に抱くセルフ・コンパッションについての疑問を書き出してみます。
  この疑問には，あなたの抱くセルフ・コンパッションの欠点にまつわる恐怖心や心配事も含まれます。

第2章　セルフ・コンパッションではないこと　21

- 私たちのセルフ・コンパッションに対する態度は，他者がセルフ・コンパッションをどう思っているかに左右されることもあります。**他者や社会がセルフ・コンパッションについて抱く疑問を書き出してください。**

振り返り

　自分の疑問に気づけるのは良いことです。こういう疑問は，セルフ・コンパッションを使うことを妨げる要因になるので，疑問に気づくことは妨げる要因を取り除く第一歩となります。

　幸いなことに，セルフ・コンパッションに関する研究が多く行われ，ここで挙げた一番起こりやすい疑問については，誤解であると実際に示されています。つ

> セルフ・コンパッションに関する疑問のほとんどは，誤解です。

まり私たちの誤解の多くには根拠がありません。以下に，私たちの教えるコースで何度も耳にする不安と，この不安に反論する根拠を簡単にまとめます。

「セルフ・コンパッションって自分をかわいそうな人だと，自己を憐れむようなものじゃないの？」

　多くの人は，セルフ・コンパッションは**自己を憐れむ**ことに過ぎないのだと不安になります。しかし実際は，**自己憐憫**に対する**防衛手段がセルフ・コンパッション**です。自己憐憫では「自分はかわいそう」ととらえるのに対して，セルフ・コンパッションでは，人生はあらゆる人にとって大変なのだととらえます。セルフ・コンパッションを持つ人は，自分のストレスだけに目を向けるのではなく，より幅広い視点で物事をとらえる傾向にある[24]という研究データが出ています。また，セルフ・コンパッションを持つ人は，物事がいかにうまく行っていないかと何度も反芻[25]して考える傾向が**低い**という結果も出ています。これが，セルフ・コンパッションを持つ人のメンタルヘルスが，そうでない人に比べて，良い状態であるひとつの理由です。セルフ・コンパッションがあると，誰もが苦しむことがある（共通の人間性）と心に留めておくことができ，自分自身の抱える困難を大げさに感じることもありません（マインドフルネス）。セルフ・コンパッションとは「哀しい<ruby>哉<rt>かな</rt></ruby>私」という態度ではないのです。

「セルフ・コンパッションは弱虫のものだ。自分の人生を生き抜くにはタフで強くないといけない」

　もうひとつのよくある不安は，セルフ・コンパッションを持つことで，私たちが弱くなったり，傷ついたりしやすくなるというものです。しかしセルフ・コンパッションがあることで，実際には困難に直面した際に，勇気をもたらし，レジリエンスを高める内的な強みのリソースとなります。セルフ・コンパッションを持つ人のほうが，離婚[26]やトラウマ[27]，あるいは慢性疼痛[28]などの困難な状況にうまく対処できることが研究で示されています。

「自分のことでなく，もっと他人のことについて考えなければいけない。セルフ・コンパッションを持つのは利己的で自分本位過ぎる」

　他人に対してコンパッションを向けるのではなく，自分に対してコンパッションを向けることで，自己中心的になったり，利己的になったりすると心配する人もいます。しかし，むしろ自分に対してコンパッションをもって接することで，他人に対してよりコンパッションを向けることができるようになります。セルフ・コンパッションのある人は，恋愛関係で相手に配慮し手助けする傾向にあり[29]，対立した際には和解案を模索する傾向があり[30]，相手に対してコンパッションを持って接し，相手を許す傾向にある[31]ことが研究から示されています。

「セルフ・コンパッションは自分を怠け者にするだけだ。サボりたいときには仕事をサボって，ベッドで一日中好きなものを食べるだけだ！」

　セルフ・コンパッションがあると自分を甘やかすと誤解する人がいますが，実際はそ

の逆です。コンパッションがあると，目先の快楽ではなく，（コンパッションを持つ母親が，子どもが好きなときに好きなだけアイスクリームを食べさせずに，「バランスのよい食事をして野菜も食べようね」と言うように）長期にわたり心身の健康が高まります。セルフ・コンパッションのある人はそうでない人に比べて，運動をする[32]，規則正しい食生活を送る[33]，アルコールを飲みすぎない[34]，定期的に医師のチェックを受ける[35] などといった健康行動に取り組む傾向にあると，研究から示されています。

「自分に対してコンパッションを向ければ，きっと人殺しすらできてしまうと思う。ミスをしたときには，自分に厳しくしないといけない。そうでないと，他人を傷つけてしまうかもしれない」

　セルフ・コンパッションが間違ったふるまいの言い訳であるというのもよくある疑問です。しかし実際は，セルフ・コンパッションを持つことで，自分の犯したミスを他人に押し付けて責めるのではなく，自分の間違いを認めるのに必要な心の余裕ができるのです。セルフ・コンパッションを持っている人は，そうでない人に比べて，自分の行動に責任を取り[36]，他人の気分を害すようなことがあれば謝罪する傾向にある[37] ことが，研究から示されています。

「厳しい自己批判をしなかったら，自分が望んだ人生を築けない。自己批判することで成功への動機づけとなるのだ。セルフ・コンパッションの合う人もいるかもしれないが，私には人生で成し遂げたい高いハードルと目標があるので，私には合わない」

　セルフ・コンパッションが物事を成し遂げる動機づけの低下につながるというのも，多くの人の持つ誤解です。自己批判が効率的な動機づけになると信じている人はたくさんいますが，それは間違いです。自己批判は自信を傷つけ，失敗への恐怖心を高めます。しかし，セルフ・コンパッションを持っていると，自分が不十分だからではなく，自分の最大のポテンシャルを発揮するために，ゴールに向かって歩み続けることができるのです（第11章参照）。研究でも，セルフ・コンパッションを持つ人も高い目標を持っていますが，セルフ・コンパッションが低い人との違いは，何か失敗を犯したときに自分をいじめない[38] ということです。つまり，失敗をあまり恐れず[39]，失敗しても立ち上がって努力し続けることができる[40]，ということです。

鏡よ鏡

私たちがセルフ・コンパッションについて話していると，以下のようなコメントが，よくあります。

「サタデー・ナイト・ライブ［訳注：米国NBCの人気コメディー番組］**のスチュアート・スモー**

リー［訳注：米国のコメディアンで上院議員のアル・フランケン Al Franken（1951〜）演じる番組の人気キャラクター］みたいだよ。鏡を見て，『私は十分良い人間だ。私は十分頭が良いし，そして，そのことが気になって仕方がない。なんだ，ちきしょう！　おまけにみんな私のことが好きだ！』と言うあの人。そう思わない？」

　セルフ・コンパッションとは何かを本当の意味で理解するには，セルフ・コンパッションに近い概念の自尊心と区別することが重要です。西洋では，高い自尊心を持つためには，所属する集団の中で傑出していることが求められています。つまり特別で平均以上であることが求められるのです。言うまでもありませんが，問題は**全ての人が同時に**平均以上になることはできません。私たちには，得意で人より秀でていることもある一方で，自分より魅力的だったり，成功を収めていたり，頭の良い人が常にいるわけです。ですから，そういった自分より「優れた」人たちと自分を比べると，自分がダメな人間のように感じてしまうのです。

　しかし，自分が平均以上でありたい，あるいは，自尊心というとらえどころのない感情を高いままにしていたいと強く思っていると，実に難しい行動が起きます。なぜ思春期の子どもたちは，他者をいじめるようになる

> セルフ・コンパッションと自尊心とを混同すべきではありません。

のでしょうか？　まさに自分がからかっているような弱虫なオタクとは対照的に，自分がクールでタフな存在であるという印象を周囲に与えられたら自尊心が高まるからです。私たち人間は，なぜそんなに偏見を持つのでしょうか？　自らの人種，ジェンダー，国籍，政治集団が他より優れていると信じることで，自尊心が高まるからです。

　しかし，セルフ・コンパッションは自尊心とは別です。両方ともウェル・ビーイングと強い関連がありますが，重要な違いがあります。

- 自尊心は自己の価値についてのポジティブな評価ですが，セルフ・コンパッションは判断や評価ではありません。そうではなく，セルフ・コンパッションとは，とりわけ失敗したり，自分はダメだと感じたりするときに，優しく受け入れながら，自分とは何かという常に変わり続ける心のありようと**つながり続ける**方法なのです。
- 自尊心に必要なのは他者より優れているという感情です。しかしセルフ・コンパッションに必要なのは，私たちはみな完璧ではないと認めることです。
- 自尊心はいいときにいる友達です。つまり，うまくいっているときにはそばにいるけれど，失敗したときや自分はダメだと感じるときなど，一番必要なときには真っ先に見捨ててどこかに行ってしまいます。これに比べてセルフ・コンパッションは，いつもそばにいます。たとえ自分の価値が暴落したと感じたときでさえもそばにいてくれる，頼れるサポート源なのです。もちろん，プライドが傷ついたときには痛みを感じますが，痛いがゆえに自分に優しくできるのです。「あれは，かなり屈辱的だったね。とても辛かったね。

- でも大丈夫。人生においてあのようなことはつきものだよ」と。
- 自尊心と比べて，セルフ・コンパッションは身体的な魅力や素晴らしい成果といった条件に左右されにくく[41]，長い間安定した自己の価値観が得られます。そしてセルフ・コンパッションは，自尊心よりも社会的比較や自己愛とは関連しないのです。

エクササイズ
自尊心は，あなたに何をもたらすのか？

- あなたが人生で大切にしているもの（例：仕事，子育て，友人関係，恋愛）の成果が平均的だと言われたら，どう感じますか？

- あなたが大事に思っていること（例：自分より高い売上げを達成する，学校のパーティーのために美味しいクッキーを焼く，人より優れたバスケットボール選手になる，水着を着こなす）で，自分より**優れている**人がいたらどう感じますか？

- あなたが大切だと考えていることに**失敗したら**（例：成績が悪かった，子どもに最低な親だと言われた，２回目のデートに誘われなかった）どう感じますか？

_____

_____

_____

_____

_____

_____

_____

_____

_____

振り返り

　平均では気が済まない，人が自分より優れているといやだ，はっきり言って失敗なんて最低だと，多くの人は感じるでしょう。あなたもそうではありませんか？　とはいえ，人間だから仕方ありません。しかし，これらはすべて自尊心の欠点であるということを忘れないでください。自尊心は，常に自分と他者を比較する原因となり，自分の価値が，成功や失敗に左右されてピンポン球のように上がったり下がったりするのです。自尊心が高いことへの欲求が問題を引き起こしていると気づくことができたら，セルフ・コンパッションという新しい自分との関わり方を学ぶ良いタイミングです。

第3章

セルフ・コンパッションのメリット

> マリオンが私たちの MSC コースの第1回を受講したとき，彼女は強い疑念を持っていました。「セルフ・コンパッションは自分にどう役立つのですか？　自分に厳しくするクセは自分に害があることはわかっているけど，そうすることでここまでやってこれたんです。なぜ変わる必要があるんですか？　そもそも変われるんですか？　それが安全だという理由は？」

　マリオンは幸い，その疑念に対する私たちの説明を聞く必要はありませんでした。セルフ・コンパッションが，心身の健康にいかに有効であるかということが，1,000 を超える研究によって証明されていたからです。

　セルフ・コンパッションの高い人のほうが，健康状態が良いのです[42]。

少ない	多い
うつ	幸福感
不安	人生への満足感
ストレス	楽観的
恥 shame	身体の健康

　セルフ・コンパッションの高さは生まれつき人それぞれですが，セルフ・コンパッションは学習可能なものでもあります。（このワークブックの基礎である）MSC コースを受講した人[43]のセルフ・コンパッションは，平均で 43% 上がったという研究結果が出ています。さらにこのコースに参加すると，他者に対してよりマインドフルでコンパッションをもって接することができるようになる，社会とのより強いつながりを感じる，人生への満足感や幸福感が高まる，うつ・不安やストレスが低減されるという結果も出ています。そして MSC を受講した後，辛い感情を避けることが少なくなったという結果もあります。

　こうしたメリットの大部分は，セルフ・コンパッションをより高めようとする学習態度と直接関連していることに加え，1年後の調査から，セルフ・コンパッションの程度と MSC の他のメリットが維持されていることが明らかになっています。セルフ・コンパッションで成果を

> MSC を実践することで，あなた自身への関わり方を変え，その結果，あなた自身の人生も変えることができます。

得るためには，参加者がどれだけセルフ・コンパッションの練習を行ったか（瞑想を週に何日行ったか，インフォーマルな実践を一日に何回行ったか）と関わっています。つまりこの研究は，この本で紹介するさまざまなエクササイズを実践することで，自分自身への関わり方を根本的に変えることができ，その結果，人生そのものを変えることができることを示唆しているのです。

マリオンは端から見れば誰もがうらやましがるような人生を送っていました。２人の素晴らしい子ども，幸せな結婚生活，充実した仕事……。でも彼女はほとんど毎晩，誰かを怒らせたのではないかと心配したり，母親として十分なことができなかったと自分を責めたり，自分に課した高い期待に応えていないことにがっかりしながら，眠りについていました。周りがどれだけ安心させようとしても効果は無いようでした。マリオンは，皆が頼れる存在で必要なときに必要な言葉をかけてあげることができ，誰に対しても思いやりがあるサポーティブな人です。でもどういうわけか，自分のこととなると別のようでした。彼女は，内面から変わらないといけないとはわかっていたのですが，どうすればよいのか悩んでいました。

マリオンはセルフ・コンパッションが答えになり得るのではないかと思い，MSC コースに参加しました。プログラムを始める前にセルフ・コンパッション尺度（以下を参照）に回答し，ひょっとしたら自分自身が一番の敵なのではないか，と気づきました。MSC の第１回で，マリオンは，自分だけではないんだと発見しました。事実，物事がうまくいかなかったときに，自分を批判し，孤立させ，そして，うまくいかなったことを考え込むことは，私たち全てにとって極めて本能的なことなのです。

マリオンはセルフ・コンパッションの次のステップに簡単に進めました。それは自己批判から生じる痛みを認識するというものです。マリオンの承認欲求から，友達や家族は疲弊し始め，自分も完璧でいたいと望んでダメになることに十分気づいていました。彼女にその欲求が生じたのは，彼女が子どものときでした。彼女は金銭的には裕福だったものの，情緒的な交流の乏しい両親の下で育ちました。特に母親はミスコンの元優勝者で，当時は一日中子育てすることに退屈して嫌気がさしていました。彼女は両親ともっと暖かく，親密な関係になりたいと強く望んでいましたが，まず無理だろうといつも感じるのでした。マリオンは成長する中で，自分の行うほぼすべてがうまくいったので，両親から注目してもらえると知ったのでした。しかしそれには代償を伴いました。というのはマリオンが成功しても，感情をありのまま感じることができなかったからです。

マリオンは，自分が子どもたちに対してどれだけ，そして，どんなに無条件の愛情を持っているかということを考えていたときに，初めてこうひらめいたのです。「なぜ私は自分自身を，無条件に愛情を注ぐ対象から完全に除外しているのか？」。つまり一日の終わりに子

どもたちとベッドで寝るときのように，温かい気持ちで自分を包めないのだろうか，と考えました。そして「結局，自分だって他の人のように愛される必要があるんだ！」と思ったのです。

自分を愛していいのだと自分で思えるようになってから，子どもの時に抱いていた切ない思いや孤独感を少し感じるようになりました。しかし，その頃には自分だって他人と同じようにコンパッションを受ける資格がある，と思えるようになっていました。そして自分の心の穴を埋めるために，他者から必死に愛情を受けようとしていた長い年月に悲しみさえも感じるようになっていました。セルフ・コンパッションの実践は難しかったのですが，あきらめずに続けました。昔経験したこうした感情も出てこないといけないんだとわかっていましたし，そういった感情を扱うためのリソース，つまりマインドフルネスとセルフ・コンパッションも学んでいました。こうしてやっと，ずっと他者から必死に受け取ろうとしていたものを自分自身に与えるようになったのです。

彼女の友達や家族も，マリオンの変化に気づき始めました。最初は，疲れ切っているときには友達と外出することを断るなど小さな変化でした。マリオン自身も，日中にしたミスを考えなくなったことで今までよりも寝つきがよくなった自分の変化に気づきました。ときには，職場でプレゼンをしないといけなかったのに，そのプレゼンが何についてだったか思い出せなかったなどの悪夢で目を覚ますこともありましたが，自分の胸に手を当てて優しい言葉をかけることで，再び眠れるようになりました。彼女の夫も，冗談半分に，「メンテナンスが少なくなった」と言っていたそうです。8週間のMSCコースの終わりでは，マリオン自身も彼女の家族も全員，彼女がこれまで以上に幸せな人になったと同意しました。しかし，それ以上にすばらしかったのは，ミスをしたことに対して自分を責めるのを止められたこと，完璧でいなければいけないという考え方を手放せたこと，そしてありのままの自分を愛し，受け入れられるようになったことです。

エクササイズ
自分のセルフ・コンパッションはどのくらいか？

　セルフ・コンパッションを高めるには，最初に，現在どの程度セルフ・コンパッションがあるのかについて客観的に測定してみます。セルフ・コンパッション尺度[44]を使うことで，自分への優しさ，厳しい自己批判，共通の人間性，自分の欠点に起因する孤立感，マインドフルネスや自身の困難へのとらわれについて，現在の程度を理解することができます。セルフ・コンパッションの程度を測定するために大部分の研究でこの尺度が使用され，セルフ・コンパッションの程度とウェル・ビーイングとの関連を明らかにしています。あなたもこのテストを

使って，自分のセルフ・コンパッションの程度を測ってみましょう。

　こちらは短縮版のセルフ・コンパッション尺度[45]です。従来の全項目版を試したい方は，www.self-compassion.org/test-how-self-compassionate-you-are［訳注：英語版。リンク先は https:// から始まるアドレス］からどうぞ。結果も自動的に計算されます。

　以下の文は，困難に直面しているとき，自分に対してどう感じたり考えたりするかを聞いています。各文をよく読み，自分がどのくらいの頻度でそうなっているかについて，各文の左側の空欄に1～5までの数値で記入してください。

　☆1セット目：

ほとんど全く　　　　　　　　　　　　　　　　　　　　　　　　　　　　ほとんどいつも
（そうしない）　　　　　　　　　　　　　　　　　　　　　　　　　　　（そうする）

　　1　　　　　　　　2　　　　　　　　3　　　　　　　　4　　　　　　　　5

　　＿＿＿自分のパーソナリティの好きでないところについては理解し，やさしい目で見るようにしている。
　　＿＿＿何か苦痛を感じることが起こったとき，その状況についてバランスのとれた見方をするようにする。
　　＿＿＿自分の失敗は，人間のありようのひとつであると考えるようにしている。
　　＿＿＿苦労を経験しているとき，必要とする程度に自分自身をいたわり，やさしくする。
　　＿＿＿何かで苦しい思いをしたときには，感情を適度なバランスに保つようにする。
　　＿＿＿自分自身にどこか不十分なところがあると感じると，多くの人も不十分であるという気持ちを共有していることを思い出すようにする。

　☆2セット目：
　　　（得点の数値の意味が1セット目とは逆になっていることに注意してください）：

ほとんどいつも　　　　　　　　　　　　　　　　　　　　　　　　　　　ほとんど全く
（そうする）　　　　　　　　　　　　　　　　　　　　　　　　　　　　（そうしない）

　　1　　　　　　　　2　　　　　　　　3　　　　　　　　4　　　　　　　　5

　　＿＿＿自分にとって重要なことを失敗したとき，無力感で頭がいっぱいになる。
　　＿＿＿気分が落ち込んだとき，多くの人がおそらく自分より幸せであるという気持ちになりがちである。
　　＿＿＿自分にとって大切な何かに失敗したとき，自分の失敗の中でひとりぼっちでいるように感じる傾向がある。

___気分が落ち込んだときには，間違ったことすべてについて，くよくよと心配し，こだわる傾向にある。
___自分自身の欠点や不十分なところについて，不満に思っているし，批判的である。
___自分のパーソナリティの好きでないところについては，やさしくなれないし，いらだちを感じる。

[訳注：本訳書では有光ら（2016）の項目訳を使用]

得点の算出方法：
　　合計得点（12項目のすべての得点を足す）____
　　平均得点＝合計得点÷12　____

　1～5の5段階評定で，セルフ・コンパッションの平均値は約3.0前後であり，これを基に自分の得点を解釈してください。数値の大きさはセルフ・コンパッションの程度を表し，大まかな目安として，1～2.5点なら低く，2.5～3.5点なら平均で，3.5～5.0点なら高い値を示しています。

振り返り

　もし，得点があなたの期待より低かったとしても，心配することはありません。セルフ・コンパッションの素晴らしいところは，学習可能なスキルであるということです。時間はかかるかもしれませんが，いつかは得点も上がります。

インフォーマルな実践
セルフ・コンパッションの日記をつける

　1週間（もしくはそれ以上でも）毎日セルフ・コンパッションの日記をつけてみてください。日記をつけることは感情を表現する効果的な方法であり[46]，心身のウェル・ビーイングを高めるとされています。

　落ち着いた時間がとれる場合は，夜の決まった時間に，その日にあったことを振り返ってみます。日記にはネガティブな気持ち，自分を批判したときのこと，あるいは痛みを伴う困難な経験などをすべて書き出します（例：レストランのウェイターがいつまでも勘定書きを持って

こないからイライラした。文句を言って，チップを渡さずにレストランを出た。その後，恥ずかしくなり，きまりが悪くなった）。よりセルフ・コンパッションのある方法で，その日に起こった困難な出来事とマインドフルネス，共通の人間性の感覚，自分への優しさとを結びつけるのです。こんなふうにやります。

- **マインドフルネス**
  - ☞ 自己批判や困難な状況で浮かんできた辛い感情に対してバランスのとれた意識を向けます。感情（悲しみ，恥，恐れ，ストレスなど）を書き出してみます。書き出したら，経験したことを軽視したり，誇張したり，過剰に大げさでもなく，批判もせずに受け入れてみてください（例：「ウェイターがすごくゆっくりだったからイライラした。怒りがたまってきて過剰に反応してしまい，後から恥ずかしくなった」）。

- **共通の人間性**
  - ☞ 自分のした経験が，人間であることの一部だという考えに至るプロセスを書き出してみてください。この作業をすれば，人間であれば完璧ではなく，誰だって似たような辛い経験をすることにもしかすると気づくかもしれません（「誰だってときにはオーバーな反応をするものだ。人間なんだから」，「似たような状況にいたら，きっと多くの人が自分と同じように感じる」）。また辛い経験の裏に隠れる特有の原因や事情を考えるのも良いでしょう（「イライラがどんどん募っていったのは，町の反対側にある病院の予約時間に既に30分遅れていたから。しかも今日は道が混んでいた。もしそういう状況じゃなかったら，自分の対応は違っていたと思う」）。

- **自分への優しさ**
  - ☞ 仲の良い友達に宛てて書くように，自分に対して優しく，理解のある言葉を書き出してみてください。優しく安心させるようなトーンで，自分自身に対して自分の幸せと健康を大切に思っていることを伝えましょう（「大丈夫。失敗しちゃったけど，だからといってこの世の終わりじゃない。その時にどれだけイライラしていたかわかってるよ。我慢できなかったんだね。今週，これから出会うウェイターたちには，いつも以上に我慢強く，優しく接してみたらどうかな？」）。

振り返り

　最低でも1週間セルフ・コンパッションの日記を付けたら，自分自身との対話に何か変化が生じていないか，自分に問いかけてみましょう。これまで以上に自分に対してセルフ・コンパッションをもって接するのは，どんな感じでしたか？　辛い状況にうまく対処するのに役立つと思えますか？

　セルフ・コンパッションの日記を継続して付けることが，セルフ・コンパッションを実践するのに合っていると感じる人もいますし，単なる作業と感じる人もいます。ですから，まずは1週間程度やってみて，やっぱり日記は自分のスタイルには合わないというなら，この日記は飛ばしてください。大切なのはセルフ・コンパッションの3ステップ，つまり，辛さにマインドフルに目を向けること，人間とはどんな人でも完璧ではいられないことを忘れないこと，物事には困難がつきものであり，自分自身に優しくサポーティブであることを実践することなのです。

第4章

自己批判とセルフ・コンパッションの生理学

コンパッション・フォーカスト・セラピー（compassion-focused therapy：CFT）[47] の創始者 Paul Gilbert によると，人間は自己批判すると，身体の脅威−防御システム（爬虫類脳と呼ばれることもあります）が作動するそうです。人間が脅威を知覚した際にとり得る反応はたくさんありますが，脅威−防御システムがすぐ最初に作動するとされています。つまり自己防衛は，何かがうまくいかなかったときの最初の反応なのです。

人間は脅威−防御システムが進化[48] した結果，脅威を察知したときに扁桃体（脳内で危険を記憶する部分）を活性化させてコルチゾールやアドレナリンを放出させ，闘争，逃走，あるいは凍りつきの反応をしようと準備します。このシステムは身体に及ぶ脅威から自身を守るためには有効ですが，現代では人間の直面する脅威の大部分は，自己イメージや自己概念です。

> 自分が不十分だと感じているときは自己概念が脅威にさらされているときです。まさにこのとき，自分自身への攻撃が起きるのです！

人間は脅威を察知すると，心も身体もストレスがかかりますし，慢性的なストレスは，不安やうつの原因となります。したがって自己批判しやすいと，心身の健康に多大な悪影響を及ぼします。自己批判では，自分が攻撃する側と，される側の両者を同時に経験することになります。

ただ幸いなことに，私たちは爬虫類ではなく哺乳類です。爬虫類より進化している哺乳類は，爬虫類に比べてとても未熟な状態で生まれ，環境に適応するためにより長い期間をかけて発達します。このさまざまな影響を受けやすい期間に乳児を守るため，哺乳類のケアシステム[49] は，親子が一緒にいるという形になりました。

このケアシステムが活性化されているときには，オキシトシン（愛情ホルモン）とエンドルフィン（天然の精神安定剤）が分泌されます。この結果ストレスが軽減されて，安心・安全を感じることができるのです。このケアシステムを活性化させる信頼性の高いやり方が2つあります[50]。それはなだめて優しく触れることと，穏やかに声を出すことです（親猫がのどをゴロゴロ鳴らしながら，子猫をなめている姿を想像してみてください）。

セルフ・コンパッションも含め，コンパッションは哺乳類のケアシステムと関連があります。

したがって，自分は不十分だと感じているとき，自分に対してセルフ・コンパッションをもって接することで，温かなぬくもりを感じられる腕に抱かれている子どものように，安心・安全を感じるとともに，ケアされていると感じることができるのです。

> 自分が安心できないときにコンパッションで自分に接するのは，あたかも親になだめられているようなものです。

　セルフ・コンパッションを通じて，脅威に対する防御反応を制御することができます。自己概念に対する脅威でストレス反応（闘争，逃走，凍りつき）が生じているときには，この3種のひどい反応，具体的には自分との闘争（自己批判），他者からの逃走（孤立），心身の凍りつき（反すう）が出やすくなります。これらの3つの反応は，セルフ・コンパッションの概念である自分への優しさ，共通の人間性，マインドフルネスの対極にあるものです。以下の表で，ストレス反応とセルフ・コンパッションの関連性を見てみましょう。

ストレス反応	ストレス反応の内的な認知	セルフ・コンパッション
闘争 Fight	自己批判 Self-criticism	自分への優しさ
逃走 Flight	孤立 Isolation	共通の人間性
凍りつき Freeze	反すう Rumination	マインドフルネス

　セルフ・コンパッションを実践すると，脅威−防御システムは作動せずにケアシステムが活性化します。例えばある研究では，参加者にコンパッションを受けたときの身体感覚をイメージしてもらいました[51]。参加者は，1分ごとに「自分が十分にコンパッションを受けていると想像してください。あなたへの慈悲を感じてください」という教示を受けました。その結果，この教示を受けた群のほうが，統制群に比べてコルチゾールの水準が低いことが示されました。またこの教示を受けた群のほうが，心拍変動も大きいことが示されました。安心だと感じる人ほど，環境に開かれた姿勢で柔軟に対応でき，これにより，刺激に対する心拍変動も大きくなりました。ですから自分にコンパッションをもって接したときには，参加者の心は実際に開かれ，防御システムの影響は小さいと言えます。

> 　トーマスは教会でボランティアをしたり，他者に手を貸したりと，誠実な良い人でした。と同時に，自分に対しては容赦なく自己批判をする人でした。やることすべてに対して，つまり十分にはうまくいっていない，頭が十分にはよくない，十分には貢献していないなどと，自分を批判していたのです　とにかく自分を批判していたのです！　自分の好きではない部分に気づくたびに，「お前にはがっかりだ。救いようのない愚か者め。この負け犬が」といったように自分を罵っていました。トーマスは自己批判を続けたことによって，次第に疲れ果て，落ち込むようになりました。

トーマスは，自己批判が脅威と関連することを学んでから，こんなにも自己批判するほど何を恐れているのかと考えるようになりました。そしてすぐに，人から拒絶されることを恐れていることに気づきました。子どもの頃，トーマスは他の子どもと学習面での違いがあったことでひどいいじめに遭い，他の子どもから受け入れられていないと感じていました。こうした状況の中で，自分の不十分さを自らけなして攻撃したら，どういうわけか奇跡的にうまく振る舞う動機づけが生まれ，その結果，周囲が彼を受け入れ，周囲からの批判に伴う痛みから自身を守ることもできると考えたのです。だからこそ，自分をいじめたわけです。もちろん自己批判が効果的なことはなく，抑うつ的になるだけでした。
　さらにトーマスは，自分のケアシステムを活性化することで安心できるということも学びました。自分に対して親身にわかりやすく話しかけるという簡単な方法であり，実際にやってみました。自分に対するさまざまな悪口を言い始めたときは，そんな自分に気づき，「怖いんだね。だから自分を守ろうとしているんだね」と声をかけるようになり，最終的には，「大丈夫。完璧じゃないけど，君はベストを尽くしているじゃないか」という言葉も付け加えるようになりました。トーマスは依然として自己批判しやすかったものの，自己批判がどうして起きるのかを理解することで自己批判に飲み込まれずに，自分に対して希望を持つことができ，時間が経つにつれ，子どもの頃にできなかった親切さと受容の姿勢で自分自身に接することができるようになりました。

インフォーマルな実践
スージング・タッチ soothing touch
（自分を優しくなだめるタッチ）

　最初はちょっと「触るってなんか変だなぁ」と思うかもしれませんが（というか実際そうなのですけど），身体の触れ合う力を利用することは，コンパッションのある反応を引き起こすのに役に立ちます。温かみをもち，優しく，穏やかに片手もしくは両手で身体に触れることで，自分を安心させ，落ち着かせることができます。大切なことは，さまざまな身体のポーズをきっかけに感情の反応が生じることに留意することです。この練習の目的は，ストレスを感じているときにいつでも自分でケアができるように，心からサポートを感じるような，身体と触れ合う方法を見つけることです。

> 自分が安心して落ち着くように身体に触れるとは，どんなことでしょうか？

　他者の視線を心配しなくてもいいように，誰にも見られない場所を探してください。気持ちの落ち着くタッチのやり方の例を以下に挙げておきますので，どうぞ気軽に試してみてください。目を閉じることで，まさに自分の感覚に集中することができます。

◇ 片手を胸に当てる

◇ 両手を胸に当てる

◇ 優しく胸をなでる

◇ 胸の上で片手のこぶしをもう片方の手でつつみこむ

◇ 片手を胸に，片手をおなかに置く

◇ 両手をおなかに置く

◇ 片手を頬に置く

◇ 両手で顔をやさしくさする

◇ 優しく腕をなでる

◇ 腕を交差させて，自分をハグする

◇ 片方の手で，もう片方の手をやさしく包み込む

◇ （座った状態で）膝を両手で包み込む

　いろいろとやってみて自分が心から安心できるやり方を見つけてください。やり方は人それぞれであり，さまざまに違います。

振り返り

　この練習をやってみてどうでしたか？　心から穏やかに，サポートされていると感じる身体のポーズは見つけられましたか？

　もしあなたにとって効果的なやり方を見つけられたのであれば，日常生活の中でストレスや感情の痛みを感じたときに，ぜひやってみてください。自分の身体がケアされていて安心を感じられるようになると，それに続いて考え方や心も楽になります。

　しかしスージング・タッチをすると，気まずく感じたり，イヤな感じがしたりすることもあるかもしれません。バックドラフトと呼ばれる現象が生じることが，実際によくあります（バックドラフトの考え方については第8章で詳しく説明します）。バックドラフトとは，自分に優しさをもって接する際に生じる古傷のことで，私たちが優しく対応してもらえなかったときのことを思い出すようなものです。バックドラフトがあると，スージング・タッチをしても，心が穏やかになるようには感じられないかもしれません。バックドラフトが起きた場合は，暖かく柔らかいもの，たとえばペットの犬や猫をなでるとか，枕を抱きしめてみるなどをしてみるといいかもしれません。またタッピングをしたり，胸をこぶしでとんとん叩いたりするなどで身体に優しい刺激を与える方がいい場合もあるかもしれません。大切なことは，自分が必要としているやり方で配慮や優しさの気持ちを示すことです。

インフォーマルな実践
セルフ・コンパッションを使ったひと休み

　この実践をすると，人生で困難に直面しているときに，セルフ・コンパッションの3つの中核要素，つまりマインドフルネス，共通の人間性，自分への優しさを思い出して対処することができます。またスージング・タッチを活かして，自分が安心し，大切にされていると感じることができるようになります。ここでは自分に合った言葉を見つけることが大切です。ある言葉が自分にとってどんな意味があるのかについて，あれこれ悩むのはしんどいものです。例えば**苦しみ**という言葉より**悩み**という言葉がいいと感じる人もいますし，**親切**よりも**サポート**や**配慮**という言葉を好む人もいます。何通りかの異なる言葉でいろいろと試してみて，自分に合う言葉を見つけて実践してください。

　下記のやり方を一通り読んだら，目を閉じてやってみたいと思うかもしれません。そうすればより深く内面を探ることができるでしょう。HPのガイド瞑想のオーディオファイルを使ってもいいでしょう（p.208〜209）。

- 健康上の問題，人間関係の問題，仕事での問題，その他の悩みなど，人生においてストレスを引き起こす状況について考えてください。セルフ・コンパッションのリソースを徐々に築いて頂きたいので，中程度のあまり深刻すぎない問題を選んでください。

- 心の目を使ってその状況を鮮明に思い描いてください。どんな状況ですか？　誰が誰に何を言っていますか？　何が起きていますか？　何が起こる可能性がありますか？　こういった難しい状況を思い出すと，身体にちょっとした痛みなどの不快なところはありますか？　もし何も起きていなかったら，もう少し大きな問題を選んでみましょう。

- 次に，自分に対して「これは辛い状況だね」と声をかけてあげます。
    - これはマインドフルネスです。他の言い方をしてもかまいません。
    - 他の言い方の例として……
        ◇ 辛いね。
        ◇ 痛いっ！
        ◇ ストレスたまるね。

- 次に，「人生，悩むこともあるよ」と声をかけます。
    - これは共通の人間性です。
    - 他の言い方の例として……
        ◇ 苦しいのは自分だけじゃない。

第4章　自己批判とセルフ・コンパッションの生理学　39

◇ きっとみんな，自分と同じような経験をしている。
◇ 似たような状況に置かれたら，誰でもこういう感情を持つよ。

☞ 次に，このひとつ前にやり方を覚えたスージング・タッチを自分にしてみます。

☞ そして「自分に優しくできますように」や「自分に必要なことを与えられますように」
などと声をかけます。もしかしたら困難な状況に置かれたときに聞きたい，優しく，サ
ポートティブな意味の特別な言葉があるかもしれません。
　　▪ 他の言い方の例として……
　　◇ ありのままの自分を受け入れられますように。
　　◇ ありのままの自分を受け入れられるようになりますように。
　　◇ 自分を許せますように。
　　◇ 強くいられますように。
　　◇ 忍耐強くいられますように。

☞ 自分に合う言葉がなかなか見つけられない場合は，親しい友達や愛する人が自分と同じ
問題を抱えていると想像してください。その人にどんな言葉をかけますか？　シンプル
でありながら，どんな心からのメッセージを贈りますか？　そして自分にも同じ言葉を
かけてみます。

振り返り

　このエクササイズがどうであったか，少し時間を取って振り返ってください。最初の
「これは辛い状況だね」という言葉でマインドフルネスを呼び起こした後で気づきはあ
りましたか？　何か変化はありましたか？

　共通の人間性を示した2つ目の言葉，自分への優しさを示した3つ目の言葉はどう
でしたか？　友達にかけるような心からの優しい言葉は見つかりましたか？　もし見つ
かったのであれば，自分に同じような言葉をかけてみるのはどうでしたか？　簡単でし
たか？　それとも自分にかけるとなると，難しかったですか？

　自分に合った，信頼のおける言葉を見つけるのに時間がかかることもあります。時間
がかかると思ったら，このことを受け入れてください。いつかは自分に合った言葉が見
つかりますから。

　このエクササイズは，ミニ瞑想としてゆっくりと行ってもいいですし，日常生活で困
難に直面したときに，3つのマントラの言葉として使ってもかまいません。

インフォーマルな実践
コンパッションとともに身体を動かす

　このインフォーマルな実践は，休憩が必要な時にいつでも行うことができます。目を開けたままでも良いですし，閉じて行ってもかまいません。大事なことは，必ずしも既存のやり方をするのではなく，内面から外界に向けてコンパッションをもって行動することです。

- 足に意識を向ける
    - ☞ 立ち上がって両足の裏で床を感じます。前後左右に身体を揺らしてみます。膝を使って小さな円を描き，足裏の感覚の違いがあるかどうかを感じてみます。意識を足に向けていきます。

- 意識を身体全体に広げる
    - ☞ それでは，意識の範囲を広げて身体全体に向けてみます。リラックスしている部分や緊張している部分に気づきながら，いろいろな感覚に意識を向けてみます。

- コンパッションとともに応える
    - ☞ 次に**不快**に感じる箇所に意識を向けます。
        - 自分が心地よいと感じるやり方で，身体を少しずつ動かします。自分へのコンパッションを忘れないようにしましょう。例えば，ゆっくり肩を回したり，頭を回したり，腰を回したり，前屈したり……，自分が気持ち良いと感じる動きなら何でも構いません。
        - 身体の望むように身体を動かします。身体の望む声に従っていきます。
        - 自分の身体にがっかりすることがあるかもしれません。身体の外見や感触，動き方が気に入らないこともあるかもしれません。そんな時には，少しの間でいいので，優しさをもって自分に寄り添います。あなたの身体は，ベストを尽くしています。今あなたに必要なものは何ですか？

- 動きを止める
    - ☞ 最後に，動きを止めます。もう一度立ち上がって，身体全体に感覚を巡らせ，何か変化があればそれを感じとります。
        - その瞬間のありのままの自分であることにOKを出します。

振り返り

　このエクササイズがどうであったか，少し時間を取って振り返ってください。身体の痛みなど不快なことを感じたときに，優しさを伴ったストレッチをすることと，普通のストレッチをすることとで，両者の感覚の違いはありましたか？　身体の求める動きを見つけることはできましたか？

　この実践は一日のいつでも何度でも行うことができます。実のところストレッチで気持ち良さを感じるかどうかはあまり重要ではありません。大切なことは，身体の緊張している場所に気づき，コンパッションとともにこれに対応できるかどうかです。人間は，身体がほんの少しだけ示すストレスを見逃しやすいのです。ですから身体に意識を向けて自分の必要としていることをチェックし，必要としているものを意識して自分で与えられるようになれれば，自分とのより健康的でサポーティブな関係を築けるようになるのです。

第5章
セルフ・コンパッションの陰(いん)と陽(よう)

コンパッションはちょっと見ただけだと柔らかい質感があり，これに関係するのは心地よさや穏やかさだけのようにも思えます。他者へのコンパッションとは，とりわけ子育てのようにある面では育むことであり，伝統的な女性役割の規範[52]と直感的につながるかもしれません。ではセルフ・コンパッションとは女性らしさを持つ人のためだけのものなのでしょうか？ 自分にこう問いかけてみてください。例えば炎の燃えさかるビルから出られないでいる人を助けに行くことや，家族のために長い時間働くことなど，男性性と関連しやすい行動はコンパッションではないのでしょうか？ 性役割で見た場合，柔らかい質感とほとんど関連しない行動はコンパッションではないのでしょうか？ セルフ・コンパッションの表現にはさまざまありますが，それを理解するには，セルフ・コンパッションに対する文化的な理解を広げる必要があります。

セルフ・コンパッションの役に立つ特徴を探ってみると，誰でも女性性と男性性の両方を持ち合わせているように，セルフ・コンパッションにも両方の性質があることがわかります。伝統的な中国哲学では，この二面性を**陰と陽**で表します。陰と陽は，男－女，明－暗，能動－受動など，一見逆の特性が，相補的で，互いに持ちつ持たれつの関係であるという前提に基づいています。つまり，自分を男という人も女という人も，反対の特性を持つことでバランスを保っているということです。それは陰陽のシンボルに，反対色の点が施されていることでも表されています。

- セルフ・コンパッションの**陰**には，コンパッションのあるやり方で，私と「ともにある」という特徴があります。"自分を**穏やかにする** comforting，自分を**なだめる** soothing，自分を**認める** validating"

● セルフ・コンパッションの**陽**には，「この世で行動する」という特徴があります。"自分を**守る** protecting，自分に**与える** providing，自分の**動機づけを高める** motivating"

> モニクはセルフ・コンパッションのことを疑っていました。彼女は危険な地域で育ち，小さい頃から根性と身を守るための知恵を得ていかに生き抜いたかということを，聞いてくれる人には誰にでも誇り高々に話していました。彼女の問題解決法は，困難に直面する度に迷うことなく頭から突っ込むというものでした。しかし最近，彼女は多発性硬化症（MS）と診断され，今までのような問題解決が役に立たなくなったのです。それからのモニクは病気のことや，医師から指示された休養という方法に恐怖を感じるようになり，この恐怖から家族，友達，そして医師にまで毒舌を吐いていました。今までなら，死に物狂いで行動することが感情に向き合うことからモニクを守ってくれていましたが，MS という病気にはあまり効果的なやり方ではなくなりました。自分のことをタフでストイックだと思っている彼女にとっては，セルフ・コンパッションという自分に穏やかに優しく接するという考え方そのものが，呪いのように感じられたのです。

> 逆の問題を抱えていたのはクサーヴァーです。彼の子ども時代もまた，継父が実母に怒鳴っていたなど簡単ではありませんでした。そんな中，彼が生き延びる方法は，家族の大騒ぎが止むまで読書に逃避し，目立たないようにするというものでした。クサーヴァーは幼いときに，人と対立したらきっと悪いことが起きると知ったのです。そんなクサーヴァーも 20 代に入り，大学を卒業した今，実家から出て自分の部屋を持つのに十分なお金を稼ぎ始める必要がありました。しかし自分にそんなことができるのか，彼には自信がありませんでした。実家から離れたい一心で病棟勤務員として働き始めましたが，満足することはできませんでした。クサーヴァーには，自分を信じて能力を十分に使うことを後押しする人が必要だったのです。

　MSC には多彩な実践やエクササイズがあり，自分に合ったものを見つけることができます。陰に分類されるエクササイズもあれば，陽に分類されるものもありますが，ほとんどが両方の特徴を持っています。次ページの表では，セルフ・コンパッションの陰と陽の特徴にエクササイズを分類し，一覧で示しました。もちろん自分のニーズを認めると，そのニーズを満たそうとする気持ちが生じることがあるように，陰と陽の特徴も互いに影響し合いながら持ちつ持たれつの関係になっています。

セルフ・コンパッションの陰と陽を養う

	特　徴	実　践
陰	穏やかにする	セルフ・コンパッションを使ったひと休み（第4章） 日常生活でのセルフ・コンパッション（第8章） 自分への慈悲の瞑想（第10章）
	なだめる	スージング・タッチ（第4章） 優しい呼吸の瞑想（第6章） 和らぎ，なだめ，許す（第16章）
	認める	人生の混乱にコンパッションで接する（第13章） 感情にラベルをつける（第16章） 自分の良さを認める（第23章）
陽	守る	足裏を感じる（第8章） 平静を保つコンパッション（第19章） 猛烈なコンパッション（第20章）
	与える	自分の中核的価値を見つける（第14章） 自分の感情に必要なことを満たす（第18章） 満たされないニーズを満たす（第20章）
	動機づけを 高める	自分のコンパッションの声を見つける（第11章） 自分へコンパッションのある手紙を書く（第11章） 誓いとともに生きる（第14章）

　この実践のすべてに共通しているのは，自分に対して親身で思いやりのある態度です。セルフ・コンパッションとともに対応するとは，辛い感情を慰めつつ柔らかく寄り添う（穏やかにする）形をとる場合もあれば，危ないことにははっきり「No！」と拒否し背を向ける（守る）形をとることもあります。温かく優しい気持ちで，身体に安全だよと教えてあげる（なだめる）こともあれば，自分のニーズを探り，必要となるものを自分に提供する（与える）こともあります。あるいは，今起きていることを受け入れて正面から向き合う（認める）ことが必要なときもあるし，立ち上がって行動する（動機づけを高める）ことが必要なときもあります。

　　モニクは，自らの安全と心身の健康を脅かす大きな課題に直面した際に必要な強さ，行為，意思決定といった陽の性質は，たくさん持ち合わせていました。そしてこうした特徴で自分を守ったり，特徴を自らに与えたりする方法をよく知っていました。しかし陰という受容的な側面はあまり持っていませんでした。おそらく子どもの頃に，起きていることを受け入れて認めることが安全ではなかったからでしょう。でもMSという診断を受けた今は，新しいやり方で色々なことを乗り越えていかなければなりません。そこでモニクの友達はセルフ・コンパッションを使ったひと休み（第4章）を彼女に勧めてみました。このエクササイズはセルフ・コンパッションの要素をさまざまに組み合わせたものです。自分の置かれた状況を受け入れて（「MSという診断を怖いと感じる」），自分はひとりではないと認識し（「MSのような大きな病気を抱えていたら，誰だって傷つき孤独に感じる」），自分に優しい言葉を掛ける（「大丈夫。一日一日，あるがままを受け入れて生きよう」）と

いうものです。モニクはこのエクササイズをすることで、セルフ・コンパッションへの扉を開くことができました。もちろん若くて傷つきやすかったときの人間関係で感じた古傷もあり、簡単な道のりではありませんでした。しかし自分の状態を受け入れることで、モニクは勇気を得て、MSにも希望の兆しが見えるようになりました。今までできるなんて思いもしなかった、受容という内的な平和を経験できるようになったのです。

　これに対してクサーヴァーには行動を起こすための動機は少なく、むしろ優しい心の持ち主でした。継父のために、彼の行動の動機は抑え込まれました。継父はいつも捨て台詞を吐き、クサーヴァーは陰に隠れて、なるべく口論とならないようにしました。でも大人になった今、彼にはこの世界に踏み出す強さと勇気が必要でした。そんな時、偶然にも勤務先の病院で、医療職向けのセルフ・コンパッション・トレーニングの案内チラシを目にしました。このコースを受けて、彼は家で誰にも見られないように安全に過ごそうと自分に言い聞かせた内面の声と、もう大人なのだから社会に踏み出せと言っている声とが同じ声だったとわかったのです。彼にとって一番効果があったセルフ・コンパッションの実践は、優しい気持ちで自分の動機づけを高めるために、自分と似た状況に置かれた親しい友達に書くように自分に向けてコンパッションのある手紙を書くこと（第11章）でした。彼は直面した困難に注意を向けて、毎週自分に手紙を書きました。そして少しずつ、自分の中に新しい声が芽生えてきたのです。それは、自分をそばで応援してくれる自分自身の内的なコーチの声でした。時間が経つにつれて、クサーヴァーは充実した人生という真の価値を生きるために何が必要かをはっきりさせることができ、実現させるために具体的なステップを踏むことができました。

エクササイズ

今の自分には、どんなセルフ・コンパッションが必要なのか？

　セルフ・コンパッションにはあなたが思っている以上にいろいろな面があります。陰と陽の特徴をいくつかリストにしておきますので、今の自分にはどんなセルフ・コンパッションが一番必要なのか、考えてみてください。セルフ・コンパッションがどのように自分に役立つか、わかることと思います。

陰

- **穏やかにする**：これは大切な友達が苦しんでいるときにする接し方です。苦しんでいる人の苦しみが少しでも減るように手を差し伸べることで，特に**感情**に必要なことをサポートします。これは今の自分に必要ですか？　感情的になっているときに，自分を楽にできる方法がわかれば役に立つと思いますか？

_____

_____

_____

- **なだめる**：これも人の気分をよくするのを手助けするのに使える方法で，**身体**に必要なことをサポートします。これは今の自分にもっと必要ですか？　楽な感覚やリラックス感を身体で感じたいと思いますか？

_____

_____

_____

- **認める**：人の経験をはっきりと理解し，優しく思いやりのある話し方でこの経験を伝えることも役に立ちます。あなたは孤独だと感じたり，他者に誤解されていると感じたりして，他者から認めて欲しいと思っていますか？　自分の気持ちを認めることが役に立つと思いますか？

_____

_____

_____

陽

- **守る**：セルフ・コンパッションへの第1ステップは傷つかないように守られていると感じることです。自分を守るということは，自分を傷つける他者や，自分で気づかないうちに自分を傷つけることを明確に否定することです。あなたが現在傷つけられていることが何かあって，それを止めるための内的な強さを見つけたいと思いますか？

_____

_____

_____

- **与える**：与えるとは自分に必要なものを与えるということです。そのためにはまず，自分に必要なものを知る必要があります。そして，自分のニーズを満たして**よいのだ**と自分がかたく信じる必要があります。そうすることで前に進み，自分のニーズを満たそうと試さねばなりません。自分の必要としているものを一番満たすことのできる人は自分なのです。あなたは自分の必要としているものを効果的に自分に与えたいと思いますか？

_____

_____

_____

- **動機づけを高める**：私たちの大部分は，人生で成し遂げたい目標や望みを持っています。また小さい短期的な目標もあるのです。セルフ・コンパッションは優れたコーチのように，厳しく批判的にならずに，優しく，手助けとなり，理解があります。恐れることなく愛情豊かに自分の動機づけを高めようとすることが，あなたに必要だと思いますか？

_____

_____

_____

振り返り

　このワークブックに取り組むにあたって，できれば「今の自分に何が必要か？」という問いが常に心に浮かんでいるといいでしょう。現時点ではまだ答えが見つからなくても，あるいは，まだ必要とするものを満たせないとしても，この簡単な質問をするだけで，セルフ・コンパッションをほんの一瞬，得ることができます。

第6章

マインドフルネス

　マインドフルネスはセルフ・コンパッションの基礎となります。まずは苦痛というストーリーから一歩出て，痛みにマインドフルに接するようになってから，優しく応えることができます。マインドフルネスとは，「今ここの経験への，受容を伴う気づき」[53]と定義できます。しかしマインドフルネスの特徴を適切に表現した定義はありません。マインドフルネスに関係するのは，はっきりした言葉にならない段階の気づきだからです。つまりマインドフルなときというのは，人間の思考というレンズを通してではなく，直接的に世界を経験しているのです。

> マインドフルネスを経験してこそ，自分の苦しみにコンパッションとともに応えることができます。

　思考とは表象です。つまり現実そのものではなく，現実を象徴するシンボルだということです。リンゴという言葉は匂いも味もなく，さらには食べることもできないでしょう？　物事を考えて行うのではなく，ある経験と直接的なつながりを持てるようになると，常に変わりゆく現実の本質を理解できるようになります。現実が「こうあるべきだ」という考え方を捨て，あるがままオープンに接することができるのです。ということは，辛いときに何が起きているのかという"ストーリー"を手放し，勇気をもって堂々と，この辛い経験や自分自身とともにただ「ここにある」だけなのです。

　テレルは手を上げて，家でマインドフルネスを実践したときにどんなことが浮かんできたか話し始めました。「最近，わが家の猫を安楽死させることになり，とても辛かったんです。私がパートナーのラマーとともに雄ネコを飼い始めたのは12年前で，私たちにとって愛しい子どものような存在でした。動物病院から帰ってきていろいろな感情に押しつぶされそうになっていたのですが，苦しみを認め身体に生じる感覚に意識を広げる，という指導者の指示を思い出しました。『今とても辛いね』と自分に声をかけると，まるでお腹を蹴られたかのような痛みを感じました。この悲しみはとても大きかったけれど，身体の感覚に集中して，この感覚とともにありつづけようとしました。正直，今でも辛さを感じますが，その痛みに飲み込まれることはありません。耐えることができます」。

第6章　マインドフルネス　49

　マインドフルネスはいろいろな意味で簡単なスキルです。というのは，物事が起きている間
で，起きていることに五感を使って気づけばいいからです。試してみましょう。少し時間を取
り，五感に何が入ってくるかを一つ一つ感じてみてください。

◇ **聴覚**：目を閉じて，少しの間まわりの音に耳を傾けてみます。自然に聞こえる音をそのまま
　感じます。聞こえる音を一つ一つ気づいていきます。心の中で受け止め，認めていきます。
　聞こえるものがなにかをはっきりさせる必要はありません。
◇ **視覚**：目を開けて，視野を柔らかに幅広くとり，目に飛び込んでくるものを受け取ります。
　聴覚のときと同じように，見えるものにひとつひとつ，そのまま気づいていきます。
◇ **触覚**：また目を閉じます。身体が椅子に触れている感覚，足が床についている感覚に気づい
　ていきます。
◇ **嗅覚**：手を鼻先に当てて，皮膚のあらゆるにおいに気づいていきます。
◇ **味覚**：今，口の中にある，あらゆる味に気づいていきます。もしかすると前に食べたものや
　飲んだものの後味かもしれません。

　ほんの短時間ならマインドフルネスを体験するのは簡単ですが，その状態を続けるのは難し
いものです。なぜなら脳の他の通常の傾向に逆らうからです。神経科学の分野では，心が休憩
しているときに活性化される脳領域と，心が課題に取り組んでいるときに活性化されない脳領
域とを相互につなぐネットワークがあるとわかってきました。これを**デフォルト・モード・ネッ
トワーク**[54]と言います。デフォルト・モード・ネットワークに関わる構造は脳の真ん中からす
ぐ右下にあり，脳の前方から後方に至るまでの領域に存在しています。この領域は，人間がな
にも注意を向けていないときほど活発に機能するので，心がさまようわけです。
　デフォルト・モード・ネットワークには３つの役割があります。それは１）自分自身の感覚
を創り出す，２）自分自身の感覚を過去と未来に反映する，３）問題を探す，ということです。
例えば，食事をしようと席について，気づいたら目の前の食べ物がなくなっていた，という経
験はありませんか？　あなたの心はどこに行っていたんでしょう？　身体は食べる作業をして
いたのですが，心はどこか他のところに行った，つまり，デフォルト・モード・ネットワーク
の中で心は失われていたのです。私たちの脳は，「余分な」時間があると何か解決すべき問題
はないかと探しだす傾向にあります。この傾向は進化論的に見ればメリットとなり，生存のた
めに今後起こりうる脅威を予測することがで
きますが，快適な生き方ではありません。

> 私たちは一般的に，幸福よりも生存を優
> 先するようプログラムされています。

　私たちがデフォルト・モードで何かをして
いるとき，苦しんでいることがよくあります
が，苦しんでいることが何なのかを**知る**心そのものが存在しません。しかしマインドフルな状
態にあるときは，内的な語り internal narrative に気づいているので，語りの中で見失うこと

はありません。このことを示すためによく使われるたとえ話があります。映画館で映画に夢中になっていて，主人公が崖から飛び降りようとしている場面で座席の肘掛けにしがみついているとします。突如となりの人がくしゃみをして，「あぁ，そうだった。映画を見ているだけだった！」と気づくのです。

　マインドフルネスを用いると心に余裕ができるので，状況にどのように**対応**したいのかを自由に選ぶことができます。苦しんでいるとき，マインドフルネスはコンパッションへの道を開いてくれるため，マインドフルネスはセルフ・コンパッションのトレーニングで特に大切です。例えば自分に「今は何が必要だろうか？」と問いかけ，あたかも自らが親友であるかのように，自分自身に安心感とサポートを与えることができます。

　マインドフルネスを定期的に実践する利点は，瞑想中でも日常生活[56]でも，デフォルト・モード・ネットワークの活動を無効化する[55]ことであると研究で明らかになっています。つまり，マインドフルネスを練習すればするほど，セルフ・コンパッションの実践も含め，自分にとってより良い選択をする機会が増える，ということです。

 瞑　想

優しい呼吸

　以下の瞑想をすることで，心がより気づき，冷静になれるようにトレーニングすることができます。マインドフルネス瞑想によくある呼吸瞑想の形式ですが，瞑想中に優しさを向ける言葉を加えます（このガイド瞑想の音源ファイルはHPにあります。p.208～209を参照）。

　本書の瞑想の教示文のほとんどで，目を閉じるようにガイドしていますが，目を閉じながら本を読むことはできません。ガイド瞑想の音源ファイルを使わないのであれば，まずはこの教示文を何度か読んで頭に入れてから，瞑想実践に移ると良いでしょう。もしくは，目を開けてこの教示文を読んでから目を閉じて数分練習し，また目を開けて文を読むというやり方でも良いです。どんなやり方にせよ，なるべく気楽にやってみてください。瞑想の実践は完璧でなくてもいいのだということを忘れないでくださいね（なんと言っても目的はセルフ・コンパッションなのですから！）。

- 身体が心地よく感じ，瞑想で保てる姿勢を見つけます。次に優しく目を閉じます。半分だけ閉じても良いですし，完全に閉じても良いです。身体の緊張感をほぐすように，何度かゆっくりと，軽い呼吸を行います。

- もしできそうなら，胸もしくは身体のどこかに手を置きます。手を置いた場所は，呼吸

第6章 マインドフルネス　51

と自分自身に対してだけでなく，**優しさに満ちた**気づきをもたらすところです。手はそのままにしても，または瞑想中に下ろしてもかまいません。

- 呼吸をすることで身体にどんな感覚があるかに注意を向けます。息を吸うときと，息を吐くときの，身体の感覚に気づいていきます。
- 息を吸うときに身体に必要なものが入り，息を吐くときにリラックスすることに注意を向けていきます。
- 身体のなすがままに呼吸しているかどうか，確かめます。ここでするべきことは何もありません。

- 次に呼吸の**リズム**に注意を向けてみます。身体に流れ込み，身体から流れ出る……。少し時間をかけて呼吸の自然なリズムを**感じて**みます。
- **身体全体**が呼吸とともに，海のようにかすかに動く感覚を感じます。
- 心 mind は，好奇心旺盛な子どもや子犬のように，自然にさまようかもしれません。もしそうなったら，呼吸のリズムにゆっくりと引き戻していくだけです。
- 呼吸をして，身体全体が優しく揺れて抱かれる，そう，心の中で抱かれるがままです。
- もし大丈夫であれば，呼吸に完全に身を任せることもできます。ここには呼吸だけがあります。ただ呼吸だけ。ここに呼吸が**存在します**。

- それでは呼吸から注意を優しく手放します。自分の経験の中で静かな状態で，今感じていること，今のありのままであらゆることを感じとります。

- ゆっくりと優しく目を開けていきます。

振り返り

　少し時間を取って，今経験したことを振り返ってください。「どんなことに気づきましたか？」，「どんなことを感じましたか？」，「今，どんな気持ちですか？」。
　既に呼吸瞑想の経験がもしあれば，これに愛情と感謝を加えて，自分の呼吸で自分自身を受け入れるという経験はどんなものでしたか？
　楽しく呼吸をすると，呼吸への注意力が上がったのに気づきましたか？
　呼吸が存在するのと，呼吸に注意を向けることとの間で，何か違いはありましたか？
　瞑想の間に，頻繁に心がさまよったかもしれません。心は誰でもさまようのです。デフォルト・モード・ネットワークが活性化された状態です。人間の心はたくさんさまよ

うものです。でも自分の心はそんなものだと自分を判断しないでください。もし判断したとしても、人間としてのこうした傾向を持っていることに対して、自分のコンパッションとともに向き合ってみます。

呼吸瞑想をするときに、例えば鼻の穴から空気が出入りする感覚など、身体のある一カ所の感覚に注意を向ける人もいます。そうすると心の中で制約が起こります。もし自分がそうなっていると気づいたら、身体が呼吸とともに動いている感覚に注意を向けてみてください。つまり、呼吸そのものより、呼吸で身体がゆっくりと揺れている状態に集中するということです。

これは MSC コースで行う 3 つの中核瞑想 core meditation のひとつです。感覚がつかめるまで 1 日 20 分ほどを数日続けて練習すると良いでしょう。そして自分の気持ちが和らいだり、落ち着いたりする効果が見られるならば、いつもの瞑想実践の一部として取り入れても良いです。フォーマル（な瞑想）とインフォーマル（な日常生活で）の実践を組み合わせて 1 日に 30 分行うことがお勧めです。覚えておきましょう。

 インフォーマルな実践

今，ここでの石

まず、魅力的で小さな石を見つけます。そして以下のように行います。

- 石を慎重に観察するところから始めます。色、角度、そして石の表面に光が反射する様子に気づきます。石の眺めを自分で楽しんでみます。
- それでは、触った感覚を模索していきます。なめらかですか、それともごつごつしていますか？　温度はどうですか？
- 自分を石に没頭させます。美しい石を扱っているという経験に自分のすべてを注ぎ込んでいきます。
- あらゆる感触を使って石そのものを自分で体験します。このときのユニークな感覚を大切にしていきます。
- 石に全力で集中しているとき、感謝しつつ、後悔や心配、あるいは過去や将来に費やす余裕がないことに気づいていきます。それが今という瞬間で「くつろいで」いる状態です。

第 6 章　マインドフルネス　53

> **振り返り**
>
> 今，ここでの石に意識を向けたとき，どんなことに気づきましたか？
>
> 石に気持ちを向けていたとき，デフォルト・モードの行為，つまり心がさまよう状態は多少減りましたか？　もしそうならば，この石は，デフォルト・モード・ネットワークをオフにする「魔法の石」と考えるといいでしょう。
>
> これからは石をポケットに入れておくといいかもしれません。感情に振り回されそうになったときには，指で石をなでてみます。石を触っている感覚を感じ，楽しみます。そうすることで，今この瞬間に戻ることができます。

インフォーマルな実践
日常生活でのマインドフルネス

マインドフルネスはいつでも実践することができます。歯磨きをしている間，駐車場から仕事場まで歩く間，朝食を食べる間，そして電話が鳴るたび，などです。

- **行為をひとつ選びます**。朝コーヒーを飲む，シャワーを浴びる，服を着るといった，日常生活でよく行う行為を選んでください。注意力があちこちに散る前の一日の始まりの行為を選んでも良いですよ。
- その行為を通して探索できる感覚的な経験をひとつ選びます。例えば，コーヒーの味，シャワーが体に当たっている感覚などです。
- **この経験にどっぷりつかって**，心から楽しみます。心がさまよっていると感じるたびに，心を感覚に戻します。
- **優しくフレンドリーな意識**をこの行為に最後まで向けていきます。

> **振り返り**
>
> 日常生活にマインドフルネスを取り入れることで，何か変化に気づきましたか？
>
> 定期的に瞑想をするのが難しいのなら，マインドフルネスをインフォーマルに毎日数分行うことで，現在の瞬間を意識するという習慣ができます。実践が少なくてもいいと

いうことではありません。というのは，この目標は日々の生活でなるべく多くの瞬間を意識することだからです。

第7章

抵抗を手放す

マインドフルネスとは，今この瞬間に何が起きているかに注意を向けるだけではありません。この注意にはある特徴が必要です。その特徴とは，今起きていることについて，その良し悪しを判断せずに**受け入れる**ということです。この状態はよく**無抵抗の状態**と呼ばれます。抵抗とは，一瞬一瞬の経験が今と違うもののはずだと信じているときに起こります。

例えば，車が渋滞して道が混んでいるときの抵抗とはこんな感じでしょう。*最悪！　高速道路なのに立ち往生状態だ。また夕食に遅れるじゃないか！　しかも，横から割り込もうとするヤツまでいるなんて信じられない。叫びたいくらいにうんざりだよっ！！！*

受容とは，今起きていることがたとえ気に入らないとしても，起きていることを認識し，自分の望むように物事が進んでいないという事実を手放すことを意味します。

先ほどの例で受容しているなら，こんな感じでしょう。*また渋滞にハマっちゃったよ。でも渋滞の起こりそうな時間帯に近いからしょうがないか。イライラしたって早く家に着くわけでもないし。*

では自分が抵抗していることは，どうやって**わかる**のでしょうか？　具体的にはこんなことが抵抗を示します。気が散っている，身体が緊張している，しょっちゅう心配したり考え込んだりする，働き過ぎたり食べ過ぎたりする，怒りやイライラを感じる，感情を感じにくい，などです。望まない経験をしているときにはこうして抵抗しようとします。でも抵抗がすべて悪いというわけではありません。もしも抵抗がなかったら，私たちは辛い人生に圧倒されてしまうでしょう。抵抗することで，短期的には役に立ちます。しかし長期的にはネガティブな結果にもつながります。

抵抗すると，そのまま残ります。

残念ながら不快な経験に抵抗しても，その経験がなくなることはあまりなく，悪くなる一方です。翌日に大事な会議があるからしっかり睡眠を取りたいとわかっていても，眠れなかったことなんてありませんか？　そんなときには何が起きていますか？　眠ろうとあれこれ必死になって努力しても，すぐにぐっすり眠れるようになりますか？　答えはおそらく「いいえ」で

しょう。やっかいな気持ちを止めようと必死になっても，そのやっかいな気持ちをさらに強めるだけです。つまり，（あのずる賢いエイリアンが人間に警告したように）**抵抗は無駄だ**ということです。

> ラファエラは常に不安感で苦しみ，そんな自分に嫌悪感を抱いていました。不安を感じるといつも，「赤ちゃんみたいなことしてないで，大人になれ！」と感情を無理に抑えつけようとしていました。でもしばらくするとそんな無理は長く続かず，どれだけ激しく抵抗しても身体は不安感でいっぱいになり，ついにパニック発作が出るようになりました。

この現象は，瞑想指導者 Shinzen Young による以下の公式で理解できます。

$$\text{苦痛}\,Suffering = \text{痛み}\,Pain \times \text{抵抗}\,Resistance\,^{57)}$$

例えば死別，心配，失恋，困難といった人生でおこる痛みは避けては通れないのですが，この痛みに抵抗すればするほど，さらに痛みが増す[58] ということです。この増した痛みこそが苦痛なのです。人間はある瞬間に心が痛むから苦しいというだけではなく，現実という壁に頭を打ち付けるからさらに苦しいのです。そう，こんなはずじゃないと考えるから，イライラするのです。

もうひとつのよく見られる抵抗は否認です。問題について考えずに，いずれ消えて欲しいと思うことです。しかし，いらない思考や感じたくない気持ちを抑え込もうとする[59] と，こうした思考や気持ちがより強くなると研究で示されています。さらに痛みを伴う思考や感情を回避したり抑制したりすると，この思考や感情の様子をはっきり理解できず，コンパッションとともに応えることができないのです。

感じることができれば，癒すことができます。

マインドフルネスとセルフ・コンパッションは，困難な経験に抵抗なく向き合うために必要な安心感を得る手段なのです。あなたがひどく感情的になっているとします。そのときに友達が部屋に入ってきて，あなたとハグしてから隣に座り，あなたの話を聴き，今後の行動をどうするか手伝ってくれると想像してください。ありがたいことに，そのマインドフルでコンパッションのある友達に，あなた自身がなれるのです。起きたことにありのままに向き合い，抵抗せずに開かれた態度になることから始めます。

マインドフルネスがセルフ・コンパッションの中核要素であることを考えれば，次の質問は大切です。「マインドフルネスとセルフ・コンパッションは，お互いにどう関係しているのか？」。この２つは同じものでしょうか，それとも違うものでしょうか？

第7章 抵抗を手放す　57

私たちは，2つは似ており互いに関連する一方で，いくつかの違いもあると考えています。

- マインドフルネスでは，主に**経験を受け入れる**ことに焦点を当てるが，セルフ・コンパッションでは，むしろ**経験をケアする**ことに焦点を当てる。
- マインドフルネスでは，「今，何を**経験している**のか？」を問うが，セルフ・コンパッションでは，「今，自分は何を**必要としている**のか？」を問う。
- マインドフルネスでは，「さまざまな気づきとともに，苦痛を**感じよう**」と言うが，セルフ・コンパッションでは，「苦しんでいるとき，自分に**優しくしよう**」と言う。

こうした違いはありますが，マインドフルネスもセルフ・コンパッションも，ともに自分自身と自分の人生に抵抗を少なくして向き合うのに役立ちます。マインドフル・セルフ・コンパッションのトレーニングで最も重要なパラドックスは，以下のようにまとめることができるでしょう。

苦しんでいるときにセルフ・コンパッションを与えるのは，気分をよくするためではなく，気分が悪い<u>から</u>です。

つまり，痛みを消し去るためにセルフ・コンパッションを使うのではありません。もしそうしてしまうと，いつの間にか抵抗しているのと同じことになり，状況は結果的に悪くなるだけです。しかし心の痛むことが**ある**としっかり受け入れ，痛みを感じる**から**自分に優しく接し，一層たやすく痛みとともにいられるのです。セルフ・コンパッションを痛みに抵抗する目的で用いないように，マインドフルネスが必要となります。またセルフ・コンパッションは，辛い経験にマインドフルでいられるような安心感・安全感を得るために必要となります。マインドフルネスとセルフ・コンパッションの2つがあってこそ，美しく踊ることができるのです。

> 　ラファエラは何か月かの間，コンパッション的に自分と会話する練習をしました。そして自分自身と不安という感情と必死になってやりあうのではなく，マインドフルネスとコンパッションを使いながらこうしたことをそのまま保つようになりました。不安を感じたり，ちょっとパニックになったりしたとき，自分とこんな会話をしました。「今すごく怖いと感じているよね。わかってるよ。物事がもっと簡単だったら良いんだけど，難しいものは難しいんだよ。ノドがかたくなって，ちょっとふらふらしているね。それでも私はあなたのことが大切だし，見捨てないよ。一人じゃないよ。一緒に乗り越えよう」。ラファエラは，コンパッションのある自らの心の声を新たに使えるようになり，パニック発作は減り，自分の思った以上にうまく不安と付き合えるということに気づいたのです。

エクササイズ

冷凍庫の氷

　このエクササイズは，抵抗をリアルタイムに体験しつつ，これにマインドフルネスとコンパッションを使ったら何が起こるかを経験するためのものです。教示文を最後まで読み，今がこのエクササイズを試すのに良い時間かどうかを決めてください。

- このエクササイズは屋外か防水済みの床の上で行います（レイノー病の人は行わないでください）。

- 冷凍庫から氷を1,2個取り出し，できるだけ長く手に握ります。ずっと握り続けます。
- 数分経ったら，心に浮かんだ考え方に気づいていきます（例：氷を握っていたら手が傷んでしまう，もう我慢できない，このエクササイズを考えた人は冷酷だ！）。これが抵抗です。
- 次に，今起きている自分の経験に注意を向けてみます。一瞬一瞬すべてに注意を向けてみます。例えば，冷たいという感覚を単に冷たいと感じる，腕がズキズキするのなら，そのズキズキをそのままに感じる，などです。自分の感情にも気づいていきます。恐怖なら，そのまま恐怖として気づいていきます。氷を落として手のひらを開き，冷たさを減らしたいなどと，衝動的に行いたい行動にも気づいていきます。衝動はそのまま衝動として気づいていきます。これが**マインドフルネス**です。
- それでは，今のさまざまな感情や行動などが入り混じったところに優しさを加えてみます。例えば，このエクササイズは痛いけれど自分を傷つけるものではないんだ，というような思考で，自分を安心させてみます。安堵感のある息を長く吐いてみます。そう，あぁー……とね。手に何かイヤな感覚があるのなら，それも音で表してみます。そう，うわぁー……とね。そして手に対して，痛みの感覚を自分に伝えてくれたことに，ありがとうと感謝を伝えます。また新しいことを学ぶために，自分自身もこのエクササイズに耐え抜いたことへの敬意を払い，自分をほめます。このエクササイズには，勇気が必要でしたね。

- さあ，やっと氷を手放します！

第7章　抵抗を手放す　59

振り返り

このエクササイズをやっていてどんなことに気づきましたか？　何が浮かんできましたか？　マインドフルネスや自分への優しさを持つことで，ここでの経験は変わりましたか？

多くの人がこのエクササイズを通して，いかに抵抗が痛みを悪化させるかということを，身をもって経験します。同時に，マインドフルに痛みを受け入れ，痛いからこそ自分に優しく接することで，苦痛が低下するという経験もします。でも冷たい氷への抵抗を手放すことができなかったとしても，自分を責める必要はありません。抵抗とは，安全でありたいという誰もが持つ願望から来るものです。しかし自分自身をケアし，サポートし，心を落ち着かせることで，安心感を得る力が備わっていることを忘れないでください。自動的な反応を和らげるようになるまで，少し我慢が必要なだけです。

 エクササイズ
自分に要らない苦痛を感じるのはなぜ？

- 人生で直面している痛みに抵抗すると，要らない苦痛が生じ，必要以上に悪くなるような現在の状況を考えてみます（例：大きなプロジェクトを先延ばしにしている，仕事をイヤだと思っている，近所の犬が吠えることに怒りを感じる）。この状況を書き出してみます。

_____
_____
_____
_____
_____
_____
_____
_____
_____

- 自分が抵抗していることは，どういうことからわかりますか？　身体や心に不快感はありますか？　これを説明できますか？

- 抵抗した結果，どうなりますか？　例えば抵抗することを止めたり，あるいは，抵抗を少なくとも減らしたりしたら，人生はどのように楽になると思いますか？

第 7 章 抵抗を手放す 61

- 抵抗することで，何かうまくいっていることはありますか？ もしかすると抵抗することで，感じたくない感情を感じないように助けてくれているかもしれません。やっかいな気持ちが出てきたら，自分に優しくしてみます。抵抗することを大事に感じてみます。抵抗すると，現実生活でうまくやれることもあるのかもしれないと。

_____

_____

_____

_____

_____

_____

_____

_____

_____

_____

- それでは，マインドフルネスやセルフ・コンパッションが，この状況でどのように抵抗を減らすのに役立つかを考えていきます。痛みを認める（「これは辛いよね」）ことや，痛みを人生に迎え入れる（「恐怖で握りしめている手を開く」）ことで，物事はより簡単になりますか？ それとも難しくなりますか？ 自分のことを少しわかっていく（「あなたのせいじゃないよ」）ことや，共通の人間性を思い出す（「似たような状況だったら，誰でもこう感じるよ」）ことで，多少は楽になりますか？

_____

_____

_____

_____

_____

_____

_____

_____

_____

_____

_____

> **振り返り**
>
> 　このエクササイズをすると，人によっては少し傷つくことがあるかもしれません。抵抗を手放すことは，痛みに正面から向き合うことであり，簡単なことではありません。人生の出来事に対して，自分のしたいようにコントロールすることは難しいと認識することが必要かもしれません。こんなときこそ，自分に優しさとコンパッションで接することが大切です。このエクササイズを行った後に，イヤな気分が起きたのなら，胸や身体の安心できる場所に手を置いて，サポーティブな言葉をかけていきます。自分の友達が，今の自分の気分と同じような気分になったとしましょう。あなたはその友達にどんな言葉をかけますか？　その友達にかけるような言葉を自分にもかけられますか？

 インフォーマルな実践

抵抗に気づく

　痛みに抵抗するのは，誰にでも起きる自動的な反応（アメーバですら，ペトリ皿の毒から遠ざかります）なので，抵抗していることにほとんど気づかずに見過ごしてしまいます。そのため，抵抗しているときにまずは気づき，これこそ抵抗だとラベルをつけることが大切な練習となります。

　これからの1週間，ほんの一瞬の間でも，何か不快なことに抵抗していると気づけるかどうか，観察してみます（火曜日の夜のエアロビクスのクラスに行きたくない，仕事場のエレベーターが壊れていてまた階段を使わなければならない，思春期の息子が自分の使った皿をあなたに洗ってもらおうと台所に置きっぱなしにした，等々）。抵抗が起きたことに気づいたら，ニュートラルで淡々とした声のトーンで，「抵抗」「これが抵抗している瞬間」とラベルをつけます。
　抵抗に気づけば気づくほど，これまでの緊張感やストレスを減らすことができ，困難な状況で賢く行動できるチャンスが増えます。

第8章

バックドラフト

　バックドラフトとは，自分自身に優しさとコンパッションで接したときに出てくることのある痛みで，たいていは古い痛みのことです。バックドラフトの経験で困惑する人もいるのですが，変化には欠かせない大切な通過点です。成長痛のようなものと考えてください。

　バックドラフトとは消防用語で，火が周囲の酸素をすべて使い切った状態で，窓やドアを開けて新しい酸素が入ってきたときに起きる現象のことです。空気が入ってくると，炎は急激に燃えます。これと似たような現象が，セルフ・コンパッションで心のドアを開けると起こるのです。人生で積み重なった苦痛を思うと，心の緊張は高まります。ですから日々の生活をうまく送っていくには，ストレスや心の痛む経験をシャットアウトする必要がありました。こうすることで自分を守ってきたのです。つまり，心のドアを開けてセルフ・コンパッションという新鮮な空気を入れることで，古傷の痛みや恐怖が出てくる可能性があるということです。これがバックドラフトです。

> 　チャドはセルフ・コンパッションの授業を取ったとき，2回目までは勇気づけられたように感じたのですが，それからは正しくやっているのだろうかと自分を疑うようになりました。自分に優しく話そうと思って手を胸に当てるたびに，落ち着かなくて不安になり，呼吸が浅くなったのです。「いったい自分は何がおかしいのだろうか？」と疑問に思いました。「自分に優しく話すことで気分が良くなるはずではないのか？」と。

　ここで理解すべき重要なことは，バックドラフトによる不快感はセルフ・コンパッションを実践することで生じているのではない，ということです。バックドラフトを感じているからといって，間違ったことをしているのではありません。むしろ正しく行っているというサインであり，心のドアを開けることができているのです。しかし最初のうちは古い痛みが解放されるにつれて，再び痛みを感じることがあるかもしれません[60]。これは自然なプロセスで

> バックドラフトは癒しのプロセスが始まっているサインです。

あり，心配いりません。

どうなったらバックドラフトだとわかるのか？

バックドラフトは感情や精神，あるいは身体の不快な感覚としてさまざまに現れます。
例えば，

- **感情**——恥，グリーフ（喪失感），恐怖，悲しさ
- **精神**——「私は一人ぼっちだ」「できそこないだ」「価値のない人間だ」のような考え方
- **身体**——身体の感覚，うずき，痛み

不快な感覚はしばしばどこからともなく現れ，なぜそんなことが起きているのか理解できないこともあります。瞑想をしているときに涙が出たり，怒ったり，恐怖を感じたり，傷ついたりすることもあります。そしてバックドラフトをなんとか感じないように必死になると，あらゆる反応が全て生じます。例えば，頭の中で考えたり（知性化したり），イライラしたり，ぼんやりしたり，自分や他人を批判したりします。こういった反応もすべて，優しさとコンパッションで応えることができます（し，そうすべきです）。大事なことは，バックドラフトで出てくる感情に圧倒されることなく，心のドアをゆっくりと開けることです。

バックドラフトが起きたらセルフ・コンパッションを使い，自分のペースを守るようにしてください。

バックドラフトが起きたらどうすればいいの？

まずは自分に，「今，自分は何が必要なのか？」と聞きます。特に，「安心感を得るには何が必要か？」という質問がよいでしょう。そして以下から今の自分に適したものを選びます。

注意制御のためのマインドフルネスを 実践する

> 「今，安心感を得るには何が必要か？」
> と自分に問いかけます。

- ◇ 「あ，それは『バックドラフト』だね」のように，親しい友達に話すようなトーンでその経験をバックドラフトとラベルをつけます。
- ◇ 一番強い感情は何かを名づけ，これにコンパッションとともに接して自分で受けとめます（「あぁ，それはグリーフだね」）。
- ◇ この感情を身体のどこで感じるか，探ってみます。腹部が緊張していたり，胸のあたりにむなしさを感じたりしますか？　その身体の部位に，スージング・タッチもしくはサポーティブなタッチを行います。
- ◇ 注意を自分の身体の内側（例：呼吸）や，外の世界の感覚（例：周りの音，今ここでの石［第6章参照］）に，判断や評価をせずに向けていきます。注意が身体から離れるほど，

楽になります。

◇ 足裏を感じます（あとで説明します）。

日常的な行為に逃げる

◇ 皿を洗う，散歩をする，シャワーを浴びる，エクササイズをするなど，日常の行為に意識を固定することが必要と感じるかもしれません。楽しかったり，五感（匂い，味，触感，音，視覚）が満足したりする行為を見つけたら，この行為を思う存分味わってみます（第6章「日常生活でのマインドフルネス」を参照）。

◇ お茶を飲む，お風呂に入る，音楽を聴く，犬をなでるなど，実践的で行動的な方法で自分を落ち着かせたり，なだめたり，サポートすることが必要と感じることもあるかもしれません（後述の「日常生活でのセルフ・コンパッション」を参照）。

◇ もし他の支援が必要であれば，必要なサポートを受けられるように自分を手助けしてくれる人々（友達，家族，セラピスト，先生）とのつながりを使うようにします。

　チャドはバックドラフトについて学んでからは，これが起きても感情的になることはなくなりました。不安が起きたら自分に「あ，これはバックドラフトだよ。普通のこと」と言ってあげるようになりました。バックドラフトの理由もわかりました。彼が子どもの頃，母親がお酒を飲みすぎる傾向にあり，いつもは愛情たっぷりに育ててくれるのに，ときどき何の理由もなしに彼にキレて怒ることがあったのです。子どもながらに，お母さんの愛情やサポートを完全に信頼することはできないと学びました。多かれ少なかれ，お母さんが飲むワインの量次第でしたから。だから自分自身に愛情やサポートを注ごうとすると，昔感じていた不安が浮かんできたのです。バックドラフトの現象にラベルを付けるだけで，過度な不安を感じたり，呼吸がしづらくなったりするのを防げることもありました。またバックドラフトが強くなったときには，一歩引くことが自分にとって一番優しいことなのだとわかったこともありました。「まずは足の裏をしっかり感じてみよう。そうすれば地に足が着いた状態でいられるはず」。恐怖や嫌悪感のような激しく押しつぶされそうな感情がときどき出てきたら，しばらくはセルフ・コンパッションの実践をやめて，海岸沿いを自転車で走るなど，何かごく普通の，気分のよくなることをするといいと学びました。そして後で気分がよくなったら，何か特定のことを感じたいと思わずに，好奇心を持って探索するように胸に手を当てるなど，意識的なセルフ・コンパッションの実践へと戻っていったのです。

インフォーマルな実践

足裏を感じる

　この実践は感情に押しつぶされそうなときやバックドラフトを経験しているときに，自分を安定させ，地に足の着いた状態を感じる（グラウンディング）ためのものです。この実践をすると，怒りなどの強い感情を制御できる[61]と研究で示されています。

- 立ち上がって自分の足裏が地面についている感覚を感じます。靴は履いたままでも，脱いでもかまいません。

- はじめに，足裏の感覚，足裏が地面に触れている感覚を感じます。
- 足裏をさらに感じるために，ゆっくりと前後左右に身体を揺らしてみます。膝で小さな円を描いて，足裏に違う感覚が生まれるのを感じてみます。
- 心がさまよったら，ただ足裏へと再び意識を戻していきます。
- 次に，ゆっくりと歩き始め，足裏の感覚の変化に気づいていきます。足を持ち上げ，一歩進み，床にまた足を下ろす感覚に気づいていきます。もう片方の足でも同じことを繰り返していきます。また一歩また一歩と続けます。
- 歩きながら，片足の足裏の表面積がどんなに小さいか，そして，その足が全身をどうやって支えているかに感謝します。もしできるなら，足が懸命に働いてくれていることに対して，少し時間をとって，「ありがとう」と伝えてもよいかもしれません。
- ゆっくりと，足裏を感じながら，歩き続けます。

- それでは，再び立った状態に戻ります。意識を全身に広げ，あらゆる感覚を感じとり，今のあるがままに存在します。

振り返り

　この実践をしていてどんなことに気づきましたか？　どんなことが浮かんできましたか？

　強い感情に押しつぶされそうなとき，この実践が役に立つ理由はたくさんあります。まず，足裏に注意を向けていることです。言い換えれば，（強い感情の中心となっている）頭からできるだけ遠いところに注意を向けるのです。加えて，地球と接点を感じることで自分がサポートされ，文字通り地に足の着いた状態を感じることができます。できれば，靴を脱いで芝生の上でやってみるといいかもしれません。そうすることで地球

とのつながりをもっと感じられるはずです。辛い感情が浮かんできたら，この「足裏」の実践を行ってください。空港の保安検査場に並んでいるとき，仕事場の廊下を歩いているときなど，どんなときでも行うことができます。

インフォーマルな実践
日常生活でのセルフ・コンパッション

- 覚えておきたい大切なことは，読者のみなさんはセルフ・コンパッションの使い方を既に知っているということです。もし自分へのケアができなかったら，今まで生きていられなかったはずです。苦しんでいるさなかにセルフケアを行うことこそがセルフ・コンパッション，つまり苦しいときに優しさを持って応じることなのです。だから誰でもセルフ・コンパッションを学ぶことができます。

- セルフ・コンパッションは心をトレーニングすればいいというだけではありません。セルフ・コンパッションの**行動**は，セルフ・コンパッションを安全かつ効果的に実践する方法です。セルフ・コンパッションの実践を日常生活での行為に定着させることができます。

- （スージング・タッチなどの）わかりやすいやり方でセルフ・コンパッションを実践していてもバックドラフトを多く経験しているのであれば，もっと目立たない方法で安心感を得るやり方を見つけるといいかもしれません。

- 自分で行うセルフケアの行動リストを作ってみます。そしてこの行動リストに加えられるような，新たなセルフケアの方法を考えてみます。

- 苦しいときに，自分に優しく接する方法として，ここで挙げた行動のいずれかを使ってみます。

- **身体－身体の緊張を和らげる**
  ☞ 自分の身体はどのようにケアしていますか（例：エクササイズ，マッサージ，お風呂，お茶）？

  _____
  _____
  _____
  _____
  _____

  ☞ 身体にたまった緊張やストレスを解放する別の方法を考え出せますか？

  _____
  _____
  _____
  _____
  _____

- **精神－イライラを減らす**
  ☞ 特にストレスにさらされているとき，自分の心はどのようにケアしていますか（例：瞑想する，面白い映画を見る，元気の出る本を読む）？

  _____
  _____
  _____
  _____
  _____

  ☞ 頭に浮かんだ思考をやり過ごす別の方法はありますか？

  _____
  _____
  _____
  _____
  _____

- **感情－自分をなだめ，穏やかにする**
    - ☞ 自分の感情はどのようにケアしていますか（例：犬をなでる，日記を書く，料理する）？

    - ☞ 他にやってみようと思う別の方法はありますか？

- **人間関係－他人とつながりを持つ**
    - ☞ 心の底から幸福を感じられるように他の人と人間関係を持つこととは，どんなことで，どんなときですか（例：友達と会う，バースデーカードを送る，ゲームをする）？

    - ☞ そうしたつながりをさらに充実させる方法はありますか？

- **スピリチュアリティ—自分の価値を定める**
  - ☞ 自分をスピリチュアルにケアするためにはどんなことをしていますか（例：祈る，森林を歩く，他人を助ける）？

  _____

  _____

  _____

  _____

  _____

  _____

  - ☞ 自分のスピリチュアルな面を育むために覚えておきたい方法は他にありますか？

  _____

  _____

  _____

  _____

  _____

  _____

第9章

慈悲を高める

　セルフ・コンパッションの実践をさらに深くする方法を学びつつ，もっと幅広く自分への慈悲を感じられるようになることも大切です。**慈悲**とはパーリ語の *metta*[62] の訳で，「友愛」とも訳せます。

　コンパッションと慈悲とはどのように異なるのでしょうか。コンパッションの定義は「他者の痛みや苦しみへの感受性と，その苦しみを和らげたいという強い願望」[63] となるかもしれません。つまりセルフ・コンパッションとは，単に自分自身に向けた**内的な**コンパッションです。慈悲は苦しみの有無にかかわらず，自分や他者へ向ける幅広い友愛の気持ちを指します。状況にかかわらず，物事がうまくいっているときでさえも自分自身に友愛を示す姿勢でいることは大切です。

　ダライ・ラマ 14 世によれば[64]，慈悲とは「すべての人間が**幸せ**でありますように，という願い」です。そしてコンパッションは「すべての人間が**苦しみから解放**されますように，という願い」です。ミャンマーのある瞑想指導者の言葉を借りれば，「慈悲という太陽の光が苦しみの涙と出会った時，コンパッションという虹ができるのです」。

> 慈悲が苦しみと出会い，なおも慈悲を示していると，コンパッションへ変化します。両方とも好意のあらわれです。

　慈悲は，**慈悲の瞑想**と呼ばれる実践で育むことができます。この実践では，はじめに瞑想を行う人がある特定の人を心に思い浮かべます。そして，その相手への好意 goodwill の気持ちを生み出すように作られた言葉を静かに繰り返します。例えば，「幸せでありますように」，「穏やかでありますように」，「健康でありますように」，「苦しまずに生きていけますように」などがよく使われます。言葉は友愛を込めた願いや好意と考えることができます。

　瞑想では多くの場合，この言葉を自分に向けるところから始めます。次に指導や応援をしてくれる人に，さらには特別な思いのない普通の人に，そしてあまり好きでないと思っている人へと向けていきます。最後にはすべての人間に慈悲の輪を広げることが理想です。慈悲の瞑想で生まれた好意は，より肯定的に自分と対話するようになり，気分が改善されます。研究では，慈悲の瞑想の効果は「行った回数による」とされています[65]。つまり，実践すればするほど強

力な効果があるということです。慈悲の瞑想の重要なメリットのひとつに，不安やうつといったネガティブ感情が減り[66]，幸せや楽しさといったポジティブ感情が増える[67]ことが挙げられます。

　慈悲の瞑想が苦手な人もいますが，言葉を繰り返すことに違和感を覚えるからです。また言葉を無機質に感じたり，作り物のように感じたりして実践をやめる人もいます。あなたにそうした経験があったとしても，心配する必要はありません。実践がどのように進むのか，このユダヤ教の言い伝えを読んでみてください。

　ある弟子がラビ［訳注：ユダヤ教の指導者］にこう尋ねます。「トーラー［訳注：ユダヤ教のヘブライ語聖書（タナハ）の最初にあるモーセ五書のこと］の教えでは，なぜ『心の上にこれらの言葉を置きなさい』と言うのですか？　これらの神聖な言葉を心の中に入れなさいと，なぜ言わないのですか？」。

　ラビはこう答えます。「それは私たちの心というものは閉じていて，神聖な言葉を心の中に入れることはできないからです。だから心の上に置いておくのです。いつの日か心の壁が壊れて言葉が入ってくるまでは」[68]。

瞑　想

大切な人への慈悲

　慈悲の瞑想は通常，自分自身に優しさを向けることから始まります。「自分を愛するように隣人も愛せ」ということです。しかし今はこの逆の順番で，初めに私たちが大切に思う人に向けて慈悲を育んでから，慈悲を秘かに自分自身に移すのです。たくさんの人が慈悲の瞑想を元にして文を変化させながら，主たる瞑想に用いています（ガイド瞑想の音源ファイルはHPにあります。p.208～209 参照［訳注：英語版のみ］）。

- ▪ 座っても横になってもいいので，心地よい姿勢を見つけてください。心臓や自分が安心を感じられる場所に手を当てても良いので，単に意識を向けるだけでなく，自分自身や自分の体験に慈悲を向けていきます。

- あなたを笑顔にする人や生き物
    - ⇨ あなたを自然と笑顔にする人や生き物を思い浮かべていきます。気楽で単純な関係を築けている相手がいいでしょう。子どもや祖母，猫，犬など，自然と幸福感をもたらしてくれる相手を選びます。人や生き物がたくさん思い浮かんだ場合は，ひとつの相手に絞ります。

☞ その相手と一緒にいる時，どんな気持ちになるかを味わってみます。一緒にいることを楽しみます。そして，心の中でその相手の明確なイメージを作り出します。

- **あなたが〜でありますように**
  ☞ それでは，思い浮かべた相手があなたや他の人や生き物と同様に，苦しみから解放されて幸せでいたいとどんなに願っているかを感じとります。自分の言葉の大切さを感じながら，以下の言葉を静かに繰り返します。
    ◇ あなたが幸せでありますように。
    ◇ あなたが穏やかでありますように。
    ◇ あなたが健康でありますように。
    ◇ あなたが安らかに暮らせますように。
  （ゆっくりと優しく，何度か繰り返してください）

  ☞ こうした言葉以外に自分でよく使っている自分なりの言葉があれば，それを使ってもいいですし，同じ言葉を繰り返してもかまいません。

  ☞ 雑念が浮かんできたと気づいたら，心の中にある大切に思っている相手のイメージや唱えている言葉に注意を戻します。温かい感覚を楽しんでみます。焦る必要はありません。

- **あなたと私が〜でありますように**
  ☞ それでは，自分自身を好意の輪に加えていきます。自分が大切にする相手と一緒にいるところを想像してみます。
    ◇ あなたと私が幸せでありますように。
    ◇ あなたと私が穏やかでありますように。
    ◇ あなたと私が健康でありますように。
    ◇ あなたと私が安らかに暮らせますように。
  （「あなたと私」を「私たち」に置き換えてもかまいません。何度か繰り返します）

  ☞ では，相手のイメージを手放します。その相手にありがとうと感謝を伝えてもかまいません。今度は，すべての注意をそのまま自分に向けていきます。

- **私が〜でありますように**
  ☞ 心臓や他の場所に手を当てて，手の温かさと重みを感じてみます。心の中で自分の全身を思い浮かべて，身体にストレスや緊張が残っていたら，それに向けて言葉をかけます。
    ◇ 私が幸せでありますように。
    ◇ 私が穏やかでありますように。

◇ 私が健康でありますように。
◇ 私が安らかに暮らせますように。
（温かい気持ちで，何度か繰り返します）

☛ 最後に，数回深呼吸して，体験している状態のありのままを味わい，その感覚を受け入れます。

振り返り

　この瞑想をして，どんなことに気づきましたか？　どんなことが浮かんできましたか？　自分よりも，大切に思っている人の方が慈悲を感じやすかったでしょうか？　自分とその相手の両方に慈悲を向けるというのはいかがでしたか？　この瞑想で難しかったことはありますか？　そのことに対してコンパッションを向けることができるでしょうか？
　一般的には，慈悲を自分自身に向けるより，大切に思っている人に向けるほうが簡単に感じます。この瞑想では，慈悲の力を高めやすい人からスタートし，それから，瞑想を向ける人の中に自分を「包み込んで」いきます。そうすることで，促進された慈悲の流れを損なわずに，慈悲を向けるのが難しい私たち自身へ，慈悲を向けていくように進みます。
　それでも慈悲の瞑想を苦手に感じる方もいます。言葉が合わないと感じたり，「私が〜でありますように」という言葉に違和感や不快感を覚えたりするからです。次章では，本当に意味があると真に感じられる慈悲の言葉を探っていきます。

インフォーマルな実践

慈悲の中を歩く

　好意の言葉を自分や出会った人すべてに向けることで，慈悲の態度を一日中忘れずに過ごすことができます。
　注：このインフォーマルな実践は意識を地面に置くために実際に歩きますが，歩行のために車いすや補助器具を用いている方は，歩く感覚の代わりに地面や地面に接触している器具と触れている身体の部位を使うことができます。

第9章　慈悲を高める　75

- 外で道を歩いている時やショッピングセンターのようなにぎやかなところを歩いている時に，この実践を行うことができます。

- まず，歩きながら自分の足に注意を向けます。そして，足にある感覚を探っていきます（ゆっくり歩く必要はありません）。
- 歩きながら「**私が**幸せであります**ように。私の**悩み苦しみがなくなります**ように**」と静かに繰り返します。
- 次に，他の人がいることに気づいたり，他の人のそばを通り過ぎたりしたら，その人に向けて「**あなたが**幸せであります**ように。あなたの**悩み苦しみがなくなります**ように**」と優しい言葉を静かにかけていきます。その人に対する温かい気持ちや好意を感じられるかどうか，やってみてください。
- やっても大丈夫そうだと感じたら，出会った人に向けて「**あなたが**幸せであります**ように。あなたの**悩み苦しみがなくなります**ように**」と静かに繰り返しながら，小さくうなずいたり，軽く笑顔を向けたりしてください。
- 気が散ったり不快に感じたりしたら，足の感覚に注意を戻し，「**私が**幸せであります**ように。私の**悩み苦しみがなくなります**ように**」と自分に言葉をかけていきます。そして，落ち着いて集中できるようになったら，また他の人へ注意を向けていきます。

- 最後に，優しい願いごとを，視界に入るあらゆる人やあらゆる生き物のために唱えられるかどうか，試してください。ここには自分のことも忘れずに含めます。そして，「**すべての生きとし生けるもの**が幸せであります**ように。すべての生きとし生けるもの**の悩み苦しみがなくなります**ように**」と静かに繰り返します。

振り返り

　この実践を行って，どんなことに気づきましたか？　他者への見方は変わりましたか？　彼らのあなたに対する態度は変わったでしょうか？

　この実践をすることで，他者や生き物とのつながりを強く感じることができるでしょう。お店やレストランにいる時，車や電車で通勤する時など，人のいる場所ならどこでも実践できます。

　「私（あなた）が幸せでありますように。私（あなた）の悩み苦しみがなくなりますように」という言葉が，心からの優しさやコンパッションを感じるのに適していないと感じたら，次章で自分に合った言葉を見つけて実践してみてください。

第10章

自分への慈悲

　慈悲の瞑想の効果を経験するには，その人に合った実践でやる必要のある場合があります。本章の目的は，自分の心のドアを開ける鍵となるような，自分に合った慈悲の言葉を見つけることです。

> 　ウッシは熱心に瞑想を実践し，リトリートで良い先生に教えてもらってからは，慈悲の瞑想をもう何年も行っています。しかし，ひとつ秘密にしていることがありました。それは慈悲の言葉を言っても何も感じないということです。ロボットのように機械的に言葉を繰り返しているだけで，何の感情もありませんでした。そこで彼女は，自分はきっと慈悲を感じにくい気質なのだろうと思っていました。

　　慈悲の瞑想の効果は，実践を自分に適したものにしたときに感じられるのです。

　瞑想で用いる伝統的な慈悲の言葉の多くは，何百年にわたり受け継がれてきたものであり，つながりを感じられなくてもそれほど驚くことではありません。大切なのは自分にとって響く慈悲の言葉を見つけることです。特に自分自身への慈悲の感情を生み出したいのであれば，これがまさに当てはまります。つまり効果を得るには，心からそう感じられる言葉でなければならないのです。

　言葉を見つけるのは詩を書くことと似ています。言葉で言い表せないことを表現するために，言葉を見つけるということでしょう。この目的は，慈悲とコンパッションの力や態度を引き出す言葉を見つけることです。

　瞑想において，呼吸を気づきの手がかりとするのと同様に，慈悲の言葉は私たちの意識の手がかりとなります。瞑想で気分が落ち着くのは集中しているからです。だから自分が繰り返したい言葉を2〜4つ見つけると，集中を保つことができます。さらに慈悲の中を歩く実践（第9章）で述べた通り，慈悲の言葉は日常生活でも使えます。日常生活で使う言葉は，その瞬間の自分に当てはまると思うものに柔軟に変えてかまいません。

自分にとって，心から意味があると感じる慈悲の言葉を見つけるには，いくつかの留意点があります。

- 言葉は**簡単でわかりやすく，心から伝わる優しい**ものにします。言葉を用いて自分自身に慈悲を向けたとき，心の中で「そうじゃない」と思うのであれば，その言葉が合っていないということです。「ありがとう！　ありがとう！」という感謝の言葉だけが浮かぶような言葉を考えていきます。

- 言葉が合わないと感じたり，せがんでいるように感じたりするならば，「私が〜でありますように」という言葉を使わなくてもかまいません。慈悲の言葉とは願いごとです。「私が〜でありますように」というのは単純にポジティブな方向に**心を向けていく**誘いです。「〜だといいなぁ」，「もしすべてがうまくいくのであれば，〜ならばいいのになぁ」という意味の言い方であれば何でもかまいません。慈悲の言葉はお祈りのようなものです。

- 慈悲の言葉は**肯定的なアファーメーション**（例：私は毎日，一層健康になっている）ではありません。私たちは単純に好意 goodwill を育んでいるだけで，現実に起きていないことに対して，起きているふりをしているわけではありません。

- 好意の言葉は，**いい気分ではなく好意**を引き出すためのものです。慈悲の瞑想がうまく行かない理由に，瞑想をすることでこういう気持ちになるはずだという期待があることが挙げられます。慈悲の瞑想を実践することで，私たちの感情が直接的に変わることはありません。しかし**好意**を示す言葉を用いれば，必然的にいい**気分**に至ります。

- 言葉は**一般的な言い方**にします。例えば「糖尿病がなくなりますように」ではなく，「健康でありますように」のような感じです。

- 言葉を言う時には，**ゆっくりと**言います。焦る必要はありません。短い間にたくさん言葉を言ったから競争に勝つというわけではありません！

- 言葉を言う時には，温かく言います。自分が心から大切に思っている人の耳にささやくような感じです。最も大切なのは言葉を言う時の**態度**です。

- 最後に，自分のことを「私」あるいは「あなた」と言っても，自分の名前（「ジョージ」）を使ってもかまいません。「大切な人」，「親愛なる人」など呼びかける語句を使ってもいいです。自分をこのように呼ぶことも，優しさとコンパッションの態度を表すのに役立ちます。

私には何が必要なのか？

　心から言うことのできる価値ある言葉を見つけるひとつの方法は，セルフ・コンパッションの練習で大切な「私には何が**必要**なのか」という質問に注目することです。

> 慈悲の言葉で注目すべきことは「私には何が**必要**か」という問いです。

　必要なもの needs とは何でしょうか。そして必要なものと欲しいものとの違いは何でしょうか。**欲しいもの** wants とは個人的なもので，首より上，つまり頭で考えるものです。特定のブランドのコーヒーや高級車のように欲しいものは際限なくあるでしょう。これに対して**必要な**

ものとは誰にもあるもので，（比喩的に言えば）首から下で感じるものです。人間にとって必要なものとしては，例えば受け入れられること，承認されること，見られること，聞いてもらうこと，守られること，愛されること，知られること，大切にされること，つながりを持つこと，尊敬されることなどが挙げられます。誰でも必要なものは他にもあります。例えば健康，成長，自由，ユーモア，誠実さ，安全などのように対人関係にあまり関わらないものもあります。私たちが本当に必要なものを見つけることが，自分にとって純粋に価値ある慈悲の言葉を見つける基礎になるのです。

> 　ウッシがようやく自分に合う慈悲の言葉，つまり自分の最も必要とする願いごとのような言葉を作ることができた時，彼女が大きく変化するきっかけとなりました。彼女が最終的に作った3つの言葉は「勇気を持てますように。本当の自分の姿を見てもらえますように。愛に包まれて過ごせますように」でした。ロボットのように単に言葉を繰り返すのではなく，それぞれの言葉が彼女にとって意味のあるものになったのです。今ではウッシが慈悲の瞑想を実践する時には，自分に大切な贈り物をして，その贈り物を開かれた感謝の心で受け取っているように感じると言います。

 エクササイズ

慈悲の言葉を見つける

　このエクササイズでは，心から意味を感じられる慈悲とコンパッションのある言葉を見つけていきます。使いたい言葉が既にあって変える気はないのであれば，このエクササイズは試しにやってみるだけでかまいません。言葉を変える必要は全くありません（ガイド瞑想の音源ファイルはHPにあります。p.208〜209参照［訳注：英語版のみ］）。

- 私には何が必要なのか？
    - まず，胸か身体のどこかに手を当てて，身体で呼吸を感じてみます。

    - 時間をかけてゆっくりと心を開いてみます。花が太陽を取り入れようとして開くように，受容的な姿勢になっていきます。

    - それでは，答えが自分の中に自然と浮かんでくるのを待ちながら，以下のように聞いてみます。
        - 「自分には何が必要なのか？」「自分に**本当に**必要なものは何か？」
        - その日，必要としているものが満たされていなかったら，きっと身体は不十分に

第 10 章　自分への慈悲　79

感じてそわそわしていることでしょう。

- 答えになるのは，人と**つながる**ことや**愛される**こと，**穏やかでいる**こと，**自由でいる**ことなど，誰でも必要とするものです。

☞ 準備ができたら，浮かんできた答えを書き出していきます。

☞ 瞑想では，マントラのように一語一句そのまま使ってもいいですし，以下のように願いごとのような形で書き直してもかまいません。
- 私が優しくありますように。
- 私が優しくあろうとし始めますように。
- 私が居場所のあることを忘れませんように。
- 私が穏やかに暮らしますように。
- 私が愛の中で休息しますように。

_____

_____

_____

_____

_____

- **私に必要な言葉は何か？**
  ☞ 次の質問を考えてみてください。
  - **他の人から聞く必要のあることは何でしょうか？**　ひとりの人間として，**どのような言葉を聞きたい**と願っていますか？　心のドアを開けて，言葉が思い浮かぶのを待ってみます。
  - これからの人生で毎日聞けるとしたら，**人からどんな言葉をささやいてもらいたいですか？**　それを聞く度に「あぁ，ありがとう。ありがとう」と言いたくなるような言葉かもしれません。何でも受け入れる開かれた心で，勇気を持って言葉に耳を傾けてみてください。

☞ 準備ができたら，聞こえてきたことを書き出していきます。

_____

_____

_____

_____

_____

☞ たくさんの言葉が出てきたら，**自分へのメッセージ**となるような短い言葉に書き直してみてください。

_____

_____

_____

_____

☞ 慈悲の瞑想では，ここで書いた言葉をそのまま使っても良いですし，**願いごとのような**形で書き直してもかまいません。他の人から何度でも聞きたいと思えるような言葉こそ，自分自身の**人生で実現したいと思っている大切なこと**なのです。例えば，「愛している」という言葉を聞きたがっているということなら，自分は本当に愛される存在だと思えるようになりたいということです。だから，その言葉を何度も何度も聞きたいと思うのです。

• 確実に知っておきたいことは何か？

☞ 願望を示した文章が好きな方は，以下のように書き換えてもかまいません。

- 「愛している」は「自分をありのまま愛せますように」
- 「いつでもあなたのそばにいるよ」は「安全と安心を感じられますように」
- 「あなたは良い人だよ」は「自分の良さを忘れませんように」

_____

_____

_____

_____

☞ それでは，書き出した言葉を改めて見直します。その中から，瞑想で用いたいものを2〜4つに絞って書き出してください。この言葉は自分が自分へ何度も与える贈り物です。

_____

_____

_____

_____

☞ 少し時間をとって，これらの言葉を覚えてください。

☞ 最後に，実際に言ってみて，どんな気持ちになるか試してみます。何度も何度も，愛する人の耳にささやくように，ゆっくりと優しく自分の耳へ**ささやいて**いきます。身体の

第10章　自分への慈悲　81

　　内側から言葉を聞き，あなたの中で言葉を響かせていきます。この言葉のための場所を
　　取り，あなたという存在を満たしていきます。

　☞ それでは言葉をゆっくりと手放し，今の体験の中で自分を休ませます。この実践もある
　　がままに，そして，自分自身もあるがままの状態を味わっていきます。

　☞ このエクササイズは，自分に合った言葉や言葉探しの始まりに過ぎません。慈悲の言葉
　　を見つけるのは想像力豊かで，美しく感動に満ちた旅です。これから慈悲の瞑想を実践
　　しながら，自分に合った言葉や，言葉探しの過程（「自分は何を必要としているのか」，「自
　　分の聞きたい言葉とは何か」）にまた戻ってくることもあると思います。

振り返り

　　このエクササイズをしてどのようなことに気づきましたか？　自分の必要とするもの
　に驚きましたか？　浮かんできた言葉や言葉についてどう感じていますか？
　　良い言葉を見つけられたかどうか，どうやってわかるのでしょうか？　それは感謝の
　気持ちです！　感謝の気持ちさえ持てれば，強く望む気持ちがなくなります。十分に満
　たされ，心も落ち着くのです。自分に合った言葉を見つけるには時間がかかるかもしれ
　ませんが，努力する価値があります。

 瞑　想

自分への慈悲

　この瞑想では，先ほどのエクササイズ「慈悲の言葉を見つける」で使った言葉を使います。
瞑想中に新たに言葉を見つけなくてもいいように，使えそうな言葉をあらかじめ見返して決め
ておきます（ガイド瞑想の音源ファイルはHPにあります。p.208～209参照）。
　慈悲の瞑想にはたくさんの要素があり，すべてを正しくやろうとしがちです。こうなるのを
防ぐには，瞑想では何か特定の気持ちを感じたいという願いを手放します。温かいお風呂に浸
かってお湯に全身を任せるように，言葉に身を任せます。

　▪ 座っても横になってもいいので，心地よい姿勢になります。目は半分だけ閉じても，完全に

閉じてもかまいません。何度か深呼吸して，身体を安定させ，今この瞬間に身を置きます。

- 胸，もしくは身体のどこか安心できる場所に手を当てます。ただ意識を向けるだけではなく，自分自身や自分の体験に慈悲を向けていきます。

- 少し間をおいてから，自分の身体の中に呼吸が流れていくのを感じます。呼吸の優しいリズムを感じ，注意が散りそうになったら，再び自分の呼吸の動きを感じとります。

- それでは，呼吸から言葉へと注意を移していきます。呼吸を意識の背後へそっと溶け込ませていきます。そして，自分にとって最も意味のある言葉を自分に伝え始めます。

- 何度も何度も言葉を繰り返し，自分の周りにめぐらせます。愛とコンパッションにあふれた言葉で自分を囲むような感じです。

- そして，言葉を自分の中に取り入れ，自分自身を言葉でいっぱいに満たしていきます。身体の細胞一つ一つを言葉で満たす感じです。

- 今，やらなければならないことや行かなければならないところがあるわけではありません。自分に必要な優しい言葉に十分に浸かり，吸収していきます。

- 雑念が浮かんできたら，スージング・タッチを行うか，ただ単純に自分の身体の感覚を感じとり，注意を戻します。そして自分の身体へ，優しさの中へ戻ってくるように，自分に言葉をかけます。

- 最後に，唱えていた言葉を手放し，身体のありのままの状態を静かに味わいます。

振り返り

　この瞑想を行って，どんなことに気づきましたか？　自分だけの言葉を使うことで，より実践しやすいと感じることはできたでしょうか？　今，どんな気持ちを感じていますか？

　自分に合う言葉を見つけることで，言葉の意味をもっと感じることができるようになったと多くの人が言います。まだこの瞑想が合わないと感じる場合は，言葉の数を減らしてみると良いかもしれません。「愛」，「支え」，「受容」，などというひとつの単語をいくつか使う方が自分らしく感じるかもしれません。いろいろ試して，自分に合ったものを見つけてください。

　これが MSC コースで行う 2 つ目の中核瞑想です。そのため，コツをつかむまで，数日間連続して 1 日 20 分ほど続けてみてください。前述した通り，フォーマルな実践（瞑想）と（日常生活での）インフォーマルな実践を合わせて 1 日 30 分行うことを勧めます。

　そして，慈悲の瞑想にどうしても気持ちが乗らないのであれば，それでもかまいません。このワークブックでは，自分自身とコンパッションにあふれた関係を築くための実践と瞑想をたくさん紹介しています。大切なのは，自分に合った方法で，自分の人生にもっと優しさを取り入れようとすることです。

第11章

セルフ・コンパッションをもった動機づけ

　　セルフ・コンパッションの実践を阻む最大の要因は，セルフ・コンパッションは行動の動機づけを下げるのではないかと考えることです。自分に優しくしたら，変化したり目的を達成したりするために必要な動機[69]を失うのではないかと恐れているからです。「自分にコンパッションを与え過ぎたら，一日中ネットサーフィンをしてジャンクフードを食べるのではないか」という考え方です。子どもへのコンパッションのある母親が，思春期の息子にやりたい放題にさせると思いますか？　もちろんそうではないでしょう。学校へ行くように，宿題をするように言いますし，時間通りに寝るように言うでしょう。**セルフ・コンパッション**も同じです。

> セルフ・コンパッションで怠惰になることはありません。

　　母親が子どもの**動機づけを上げて**，子どもに必要な変化をもたらそうとしたらどうなるでしょうか？　思春期の息子が数学で落第したとします。母親はさまざまな方法で，子どもがいい成績を取れるように手助けすることができます。ひとつの方法は厳しく批判することです。「あなたは本当に恥だ。負け犬だ。何もできない人間になっちゃうよ」。こんなことを聞いたら身がすくんじゃいますよね（にもかかわらず，自分自身が失敗したり不十分に感じたりしたら，こんなひどいことを言っていませんか？）。この方法でうまくいくと思いますか？　そのときはうまくいくかもしれません。子どもは母親からまたそんなにひどく怒られないように，一生懸命勉強するかもしれません。しかし長期的に見れば，数学への苦手意識が生まれて自信を失うでしょうし，失敗することを恐れて難しい内容の数学の授業を取ることもしばらくはなくなるでしょう。

　　ビルは，シリコンバレーでコンピューター・エンジニアとして成功を収めています。UCバークレーを首席で卒業し，ワクワクするような画期的なソフトウェアを作るため，自分のビジネスを始めようと考えていました。ビルは今まで自分を批判することで動機づけを保っていました。例えば，大学の試験で A⁻をもらった時には，容赦なく自分を非難する言葉を浴びせました。「どれだけ負け犬なんだ。クラスで一番でなければお前はでき損ないだ。

Ａをもらえなかったことを恥じるべきだ」。大人になってからもこの方法で動機づけを保ち，自分に厳しくしていないと怠け者になってしまうと心から信じていました。

ところが最近，新しいビジネスの計画を実行しようとすると激しい不安に襲われるようになったのです。もし成功しなかったらどうしよう？　もし新しいプロジェクトをすることで，自分ができ損ないだとわかってしまったらどうしよう？　もし他の人に詐欺師や偽物だと思われたらどうしよう？　失敗することの代償をあまりに恐れたために，人生そのものに幸せを見出せなくなり，夢を諦めることでしか幸せは取り戻せないとすら思うようになってしまいました。

しかし母親が息子の動機づけを上げ，失敗から成功へと立ち直ることを手助けする方法は他にあります。それはコンパッションを与えることです。例えば，「悔しいよね。ここにおいで，抱きしめてあげるから。どんな成績をとったってあなたのこと愛してるの，知ってるでしょう」。こうすることで，息子は何かに失敗したとしても，母親からの愛情は変わらないと知ることができます。でもコンパッションのある母親が本当に息子の幸せを気にかけていたら，これで終わりにはしません。行動の要素も加えていきます。「大学に行きたいって言ってたよね。もちろん，入学試験で成績が取れないといけないでしょう。何か私に手伝えることはあるかな。一生懸命勉強したら，あなただったらできるはず。信じてるよ」。

このような励ましや手助けをする方が，長期的に見ればはるかに効果があり，持続しやすいのです。研究では，セルフ・コンパッションを持つ人は自信があるだけでなく，失敗を恐れることが少ない[70]と示されています。そのため失敗してもまた挑戦し[71]，学習し続ける努力を維持[72]しやすいことが明らかになっています。

> 自己批判の動機づけは恐れから生じる一方，セルフ・コンパッションの動機づけは愛から生じます。
> 愛は恐れよりも強力です。

大切なことは，なぜ自分を批判するのかを理解することです。ひどく辛いのに，なぜ自分を批判してしまうのでしょうか？

第４章で述べた通り，自己批判は脅威 - 防御システムから生まれます。内的な批判の声があると，**安全**でいようとするための変化がある程度は生じます。例えば，体調が悪いと感じたら，なぜ自分を責めるのでしょうか？　そのうち身体がバラバラになってうまく機能しなくなるのではないかと恐れているからです。仕事で大切な課題を先延ばしにしたら，なぜ自分を批判するのでしょうか？　失敗したり仕事を失ったり，ホームレスになったりすることを避けるためです。つまり内的な批判の声は，人間を傷つける可能性のある危険から常に遠ざけようとするのです。もちろんそれが全く役に立たないときもあります。全く逆効果なときもありますが，多くの場合は私たちを守ろうとして

行っているのです。これを理解しておくことで，内的な批判の声を，厳しすぎず，より寛大なものへと変えることができます。そして新たな声，つまりコンパッションのある自己の声を用いて，自らの動機づけを高めることを学ぶことができるのです。

> 　最初の頃，ビルにとってセルフ・コンパッションを持つというのはとても難しいことでした。彼は自分に優しくしたら，努力しなくなり，目的を達成しようとしなくなるのではないかと恐れていました。しかし皮肉なことに，実際にはその逆でした。ビルの内的な批判の声はとても厳しかったので，失敗するかもしれないと恐れて，単純な挑戦にすら取り組めなかったのです。だから夢に向かって小さな一歩を踏み出すことすら先延ばしにするようになりました。ビルは内面の意地悪な声が問題の一部であることはわかっていたので，夢に向かって進むには変化する必要があると決意しました。
>
> 　当時，ビルは自分と同い年くらいのジムトレーナーについていました。そのトレーナーはいつも励まして支えてくれる人でした。例えばビルが腕立て伏せをしていて力尽きたときには，そのトレーナーは「よくやった！　筋肉がもう保たないというところまでやるのが，僕らの目的だ」とだけ言いました。ビルがウェイトリフティングで怪我しかねないほどの重さを持ち上げたいと思ったら，「なあビル，これは後になるまでとっておこう。思ったよりも早くこの重さを持ち上げられるはずだ」と言いました。ビルは自分の新しいビジネスのプロジェクトにも同じような態度を取り入れてみました。「とりあえずやるだけやってみよう」，「自分ならできるとわかっている」と自分に言い，自分が行き詰まったときには，トレーナーなら何と言うかを想像しました。きっと「頑張れ。できるぞ」と言うだろうと。このように少しずつコンパッションの声を見つけることができ，自分を痛めつけるのではなく，励まし支える方法を学びました。そして，最終的には会社を辞めて，自分で新たなプロジェクトを始めるためにベンチャーキャピタルを設立し，自分が生きるべき人生，つまり自分が幸せでいられる人生を送ることをスタートさせたのです。

 <u>エクササイズ</u>
自分のコンパッションの声を見つける

　このエクササイズでは，内面の批判的な声を聞き，その声がどう自分を助けようとしているのかを考えます。そして，コンパッションのある新たな声を用いると，自分の動機づけがどう高まるのかを学びます。

　内的な批判の声があると，最大の利益を得られないことがあります。この声が過去に自分を

虐待した加害者の声として内面で生じたとき
には，特によく起こります。このエクササイ
ズを行う間，自分にコンパッションを持って
接することを忘れないでください。不快に感
じる心の領域に踏み込みそうだと感じたら，エクササイズをやめて，自分の力とゆとりを感じ
られる領域に戻ってください。『はじめに』の「実践のコツ」を読み直してもいいでしょう。

> 「今，私には何が必要か」と自らに聞い
> てみてください。

　　☞ 下の空白に，自分が変えたいと思う行動を書き出してください。自分を責めるような行
　　　動を書き出します。自分にとって役に立たない行動，不幸を呼び込む行動を選びます。
　　　ただしこのエクササイズではあまり難しくない行動を選んでください。また（「足が大
　　　きすぎる」など一生変えられない自分の特徴ではなく）変えられると思える行動を選ん
　　　でください。例えば，「私には忍耐力が足りない」，「十分に運動できていない」，「先延
　　　ばしにする癖がある」などです。

_____
_____
_____
_____
_____
_____
_____
_____
_____

- **自己批判の声を特定する**
　　☞ 変えたいと思っている行動をしたときに，普段なら自分にどのようなことを言うのかを
　　　書き出してください。内的な批判の声は厳しいこともあれば，がっかりしていることも
　　　ありますし，他の姿をしていることもあります。内的な批判の声はどのような言葉を使
　　　いますか？　重要な点で，どのような口調で話していますか？　言葉ではなくて，イメー
　　　ジだけかもしれません。内的な批判の声は，どんな風に自分の考えを表現していますか？

_____
_____
_____
_____
_____
_____
_____
_____
_____

第 11 章　セルフ・コンパッションをもった動機づけ　87

☞ 次に，自分を批判したときにどのような気持ちになるか書いてください。自己批判の声
にどれほどのストレスを感じるか，思いをめぐらせてください。自己批判の厳しい言葉
を聞くのがどれほど辛いか，セルフ・コンパッションを使っていくのもいいでしょう。「こ
んなこと言われたら辛いよね」，「こんな言われ方したら傷つくよね，ごめんね」と辛さ
を受け入れてみます。

_____

_____

_____

_____

_____

_____

☞ 少し時間を取って，なぜ批判がそれほど長く続いたのかを振り返ります。内的な批判の
声は，最終的にうまくいかなかったとしても，どうにかしてあなたを守ろうとしている
のでしょうか？　危険を防ごうとしているのでしょうか？　手助けをしようとしている
のでしょうか？　もしそうならば，内的な批判の声を生じさせるきっかけになりそうな
ことを書き出していきます。

_____

_____

_____

_____

_____

_____

☞ 批判的な声がどうやって自分を助けようとしているのかまったくわからないのであれ
ば，それでかまいせん。自己批判が価値ある目的を果たそうとしていないこともありま
す。無理に見つけようとせず，過去に味わったその辛さをコンパッションで消してくだ
さい。
　内的な批判の声が自分を助けたり，自分を守ったりする理由を特定できた場合には，そ
の努力を認めて，感謝の言葉をいくつか書いてみてください。内的な批判の声に，あま
り良い仕事はしていないけれど良いことをしようとしていること，最善を尽くしてくれ
ていることはわかっていると伝えていきます。

_____

_____

_____

_____

_____

_____

_____

_____

- **コンパッションの声を見つける**

  ☞ ここまでは自己批判の声を聞きました。今度はもうひとつの声，つまり内的なコンパッションの声が生まれる部分を，自己批判の声とは別のところに作ってみます。これは自分の賢い部分から生まれる声で，ある行動がどれだけ自分を傷つけているかがわかっています。そして，自己批判が挙げる理由とは違う理由で，あなたに変わってほしいと望んでいます。

  ☞ 手を胸や，気持ちを穏やかにできる身体の部位に置きます。体温の温かさを感じてみます。そして，自分が苦しんでいる行動を再び振り返ってみます。内的なコンパッションの声の特徴となるような，下記の言葉を繰り返してみます。
    - 「私はあなたのことを愛している。だから苦しんで欲しくないんだ」
    - あるいは別の言葉が合うのなら，それでもかまいません。例えば「私はあなたのことを本当に大切に思っているからこそ，変わる手助けをしたいんだ」，「私はあなたのそばでサポートするよ」などです。

  ☞ 準備ができたら，内的なコンパッションの声を使って自分にメッセージを書きます。流れに任せて自由に書き，自分が変えたいと思っている行動にも触れます。「私はあなたを愛しているから，苦しんで欲しくないんだよ」という心の底からの気持ちや願望から，どのような言葉が生まれましたか？　行動を変えるには，どのような言葉を聞く必要がありますか？　言葉をうまく見つけられないなら，同じように苦しんでいる親しい友達に話す時に使うであろう，優しさにあふれた言葉を書き出してください。

_____

_____

_____

_____

_____

振り返り

　このエクササイズを実践していかがでしたか？　自己批判の声を特定することはできましたか？

　自己批判の声が，自分の役に立とうとしているのはわかりましたか。内的な批判の声に努力してくれてありがとうと感謝するのはいかがでしたか。

　「あなたを愛しているから苦しんで欲しくないんだよ」と，自分に言ってあげることでどのような効果がありましたか。内面のコンパッションの声とはつながることはできましたか。その視点からメッセージを書くことはできたでしょうか。

　内的なコンパッションの言葉を見つけられたら，支えられて励まされている感覚を十分に味わってください。優しい言葉を見つけるのは難しいと感じても気にしないでください。見つけるには時間がかかります。大切なのは，今よりももっとセルフ・コンパッションとともに自分に接しようとすることです。いずれは新しい習慣として身につくはずです。

　このエクササイズは多くの人に非常に効果があります。内なる批判が，実は私たちを助けようとしていることに気づくと，自己批判することを批判するのを止められます。内面の批判者が「危険！　危険！」と叫ぶことで私たちを守ろうとしてくれているとわかれば，その努力を認めて感謝できます。そうすることで，批判の声は和らぎ，コンパッションの声の存在する余地ができるのです（このアプローチをさらに理解したい方は，Richard Schwartz による内的家族システムモデル internal family systems model[73] を調べてみると良いでしょう）。

　内的な批判の声とコンパッションのある自己は，全く異なる性質や口調を持ちながらも，同じ行動の変化を求めていることがわかると，多くの人は本当に驚きます。これは少し興味深い余談になりますが，MSC の参加者がこう話してくれました。「素晴らしいです。私の内的な批判の声は私に『お前なんてくそやろうだ！』といつも叫んできていたけれど，今コンパッションのある内的な自己が『おいおい，ちょっと待ってよ，乱暴だなぁ……』と言ったんです」。

　このエクササイズを行うとバックドラフトを経験する人もいるかもしれません。その場合は第 8 章を参照して，感情にラベルをつける，散歩する，足裏を感じる，日常に行っている楽しい活動をするなどで対応してください。自分に対する最もコンパッションのあることとは，たまには友達と話したり，しばらくセルフ・コンパッションの実践からただ離れてみたりすることです。

<u>インフォーマルな実践</u>
自分へコンパッションのある手紙を書く

　コンパッションのある手紙を自分に書くことで，その声に耳をずっと傾けることができます。これは苦しかったり，自分に不十分さを感じたりしたら，いつでもかまいません。あるいは変わろうとする動機づけを高めたいときにもできます。手紙の書き方は主に3つあります。

- いつも賢くて，慈悲深く，コンパッションのある想像上の友達を思い浮かべ，その友達の視点から自分へ手紙を書く。
- 自分と同じような苦しみに直面している心から愛する友達に話しかけているつもりで書く。
- コンパッションのある自分から，苦しんでいる自分に向けて手紙を書く。

　手紙を書いたらしばらく置いておき，後になってから必要なときに読んで，自分をなだめたり，安心させたりするのに使ってください。

　親しい友人の言葉を使って自分に宛てた手紙を書けるようになるまでには，少し時間がかかるかもしれませんが，実践すればするほど簡単になります。
　手紙の見本を示します。これは将来有望なグラフィックデザイナーのカレンが自分に書いたものです。8歳と13歳の2人の子どもと十分な時間を過ごせていないことについて，彼女がとても親しくしている友人からの言葉を想像して書きました。

> 親愛なるカレンへ。
>
> 　子どもたちと十分な時間を過ごせていないことについて，罪悪感を抱いていることを知ってるよ。ソフィーのバレエのリハーサルに行けなかったし，先週どうにも仕事を抜けられず，ベンが自分と妹の分の簡単な夕食を電子レンジで温めなければならないことが2回もあった。でも，どうか自分を責めないで。あなたが自分を責めている時は，私も見ていて辛いんだよ。あなたは良い母親だし，子どもたちと過ごす時にはとても良い時間を過ごしているでしょう。仕事と家族のバランスをとるのはとても難しくて，今までずっと頑張ってきたよね。たまには自分にも休憩させてあげないと。あなたは最善を尽くしているし，私から見たら，すごく良くやっていると思うよ。子どもたちはあなたのことが大好きだし，私もあなたのことを心から愛してる。

ソフィーやベンともっと一緒にいる時間が過ごせるように，遅い時間の仕事は減らしたいんだよね。今度，子どもたちと過ごす時間についての心配を上司に話してみたらどうかな。もうこの会社に勤めて７年になるんだし，十分能力は示したと思うでしょう。今度はあなたが必要としていることをお願いする番だよ。最悪，ダメだと言われるだけだし，何も変わらなかったとしても，あなたは今までどおり愛にあふれたお母さんなんだよ。それを忘れないでね。

第12章

セルフ・コンパッションと身体

　人間は人生のいろいろな側面で自分が不十分だと感じることがありますが，最も困難なのは身体についてです。人間の自己意識は身体と強く関係し，外見（見た目）は自分のことをどう感じるかに大きな影響を与えます。身体イメージは女性にとっては特に大切かもしれません。というのは，女性の美の基準はとても高い[74]からです。より多くの人が美容整形手術（「ちょっとよくする」）に関心を向け，雑誌に登場する完璧なモデルに外見を近づけようとします。それにもかかわらず，ほとんどの女性は自分に課す理想に届くことはありません。だってモデルの写真でさえ加工されているのですから！

　男性は女性と比べて，自分の身体に満足しやすいです。とは言え，自分の身体をなかなか受け入れられないこともあります。「十分に筋肉がついているだろうか？　十分に痩せているだろうか？　十分に男らしいだろうか？」。男性の身体イメージは自分の身体がどれほど強いか，どれほどスポーツができるか，そして性的能力などの身体能力の高さに関係があるのかもしれません。

　どんな理由であれ，女性も男性も自分の身体を友達のようには考えず，敵としてとらえる傾向にあります。自分の身体がこうであるべきという理想の姿でないときや思うように動かないとき，「うわあー！」というのではなく，「あぁ……」という感じでセルフ・コンパッションとともに応えます。私たちがどれほど不健康な食生活を送っていても，睡眠や運動不足でも，年をとっても，辛抱強く付き合ってくれている身体に感謝して，身体に向けた優しさを感じることができますか？　これは性別にかかわらず，とても大切なことです。

　52歳の女性ジリアンは，自らの「最盛期」は過ぎたと感じていました。体重に満足したことはなく，自分の身体が十分に魅力的だと感じたことはこれまでにもなかったのですが，中年になってからは特に不満を感じていました。鏡で自分がちょっとでも映るたびに鼻であしらい，不十分だという気持ちでいっぱいでした。目の下にはクマができていたし，太ももも嫌いでした。事実，彼女は全身が「袋のようにたるんでいる」と感じていたのです。そこで，ピーナツバターとチョコレートのアイスクリームに癒しを求めていましたが，その効果はその場だけのものでした。ジリアンは身体についてそれほどこだわらないように

しようとも思ったのですが，どうしても止められませんでした。彼女は自分の内面も満足していなかったので，外見についても不快に感じていました。

　幸いに，セルフ・コンパッションを用いると身体イメージの不満を低下させることができます[75]。セルフ・コンパッションを短期間実践するだけで，身体を恥に感じることを低下させ，自尊心が身体の外見と関連する程度が減り，ありのままの自分の身体に感謝できるようになる[76]という研究結果が出ています。

　鏡の中の自分が完璧なイメージでなくても，自分自身に優しく，温かく，受け入れようとして接すると，自分が不十分な外見イメージ以上の存在だと気づくことができます。幸せであろうとするけれどもうまくいかないこともあり，それでもなお挑戦し続けるという人間だから自尊心は生まれます。自分の身体が自分という人間のアイデンティティになるのではなく，より広い視野で見ることで，内面のリソースと美しさが一番重要なのだと気づくのです。人間は少し立ち止まって，身体のもたらす生命という素晴らしい贈り物に感謝する必要があります。そうすることで，内面の奥深くから生き生きとした生命力を感じることができます。セルフ・コンパッションを持つことで，自分の外見を嫌うのではなく，自分のために尽くしていることに感謝し，怒りを手放すことができるのです。

　ジリアンはセルフ・コンパッションを学んでから，自分自身と，自分の身体との関係が変わったと感じるようになりました。以前は，他の人に美しいと思ってもらうことで，愛され受け入れられていると感じようとしていました。しかし本当に大切なのは，自分自身を愛して受け入れることだと気づいたのです。年を取るにつれて体格もよくなりましたが，それ以上に賢さを手に入れ，新たな強みがあるのだとわかったのです。これこそジリアンがこの世に与えねばならないものでした。内面も外見も完璧というわけにはいきませんでした。でも自分の欠点こそがまさに誰でもない自分そのものを表すのだとわかったのです。人間らしさの大切な象徴であると，欠点に感謝できるようになりました。ジリアンはロボットでもストップフォードの妻でもありません。生命力にあふれた，血と肉でできている脈打つ人間なのです。

　自分自身との関係が変わるにつれ，食べ物との関係も変わりました。食べ物を使って感情を満たしたり押し込んだりする必要がなくなったのです。彼女は，食べ物を楽しみ，身体が十分だという時に止められるようになりました。そして，一番の変化は，人間らしくあることだけで自分は十分なのだとようやく思えるようになり，自分をありのままに愛し，受け入れられるようになったことでした。

<u>エクササイズ</u>

自分の身体をセルフ・コンパッションで受け入れる

　身体の不完全さにコンパッションを向けるのは，体型に強くこだわる競争的な文化では難しいことです。メディアの発する現実離れしたイメージがあちこちにあり，自分の外見や身体能力に不満を抱いてしまうと思います。唯一の方法は，自分は完璧ではないという事実を受け入れ，それでも自分自身を愛し，最善を尽くすことです。このエクササイズは，セルフ・コンパッションの3つの要素を使って，あなたがありのままの自分と完璧ではないことを受け入れられるようにするものです。

- 以下の記入欄を使って，自分の身体について優しく正直に評価してください。良いところも悪いところも本当のことについてマインドフルな姿勢で臨みます。まず自分の好きだと感じる身体の特徴を全て書いてください。健康であることや魅力的な笑顔を持っていること等々，です。いつもだったら自分のイメージとして考えない部分，例えば握力が強いことや消化機能が良いことなど（こうしたことを当たり前だと考えてはいけません）も見逃さないようにします。自分の満足している身体の特徴をしっかり認識し，感謝してみてください。

_____
_____
_____
_____
_____
_____

- それでは，自分のあまり好きではない身体の特徴を書きます。肌に傷があること，お腹がへこんでいないこと，若いときほどは速く遠くには走れない等々，です。このエクササイズを実践する間，不快感が出てくるかもしれません。その時はその感覚も感じとります。例えば「あごのラインがたるんでいるのを見るのは辛い，このエクササイズは簡単じゃない」と思ったら，その不快さをしばらく感じていられるかどうかを試してみます。自分は不十分だという話を過剰に作り上げて気持ちから逃げるのではなく，自分の不完全さにしっかりと向き合って受け入れます。自分の「欠点」についてはバランスの取れた判断を心掛けます。例えば白髪になり始めていることはそれほど悪いことでしょうか？　5キロ体重が増えたからといって，健康が損なわれていた

り，自分の身体を嫌ったりするでしょうか？　もちろん不完全さを過小評価することなく，同時に過大に考えすぎないようにします。

- 次に，自分の今感じていることに共通の人間性を取り入れてみます。他の人も，あなたと同じように感じると思いますか？　現代社会を生きる人間にとって，多かれ少なかれ身体に不満を感じるのは，自然なことではないでしょうか？

- 最後に，辛い感情を抱いている自分に優しさとコンパッションを与えていきます。今この瞬間，自分をどのようになだめたり，安心させたりできますか？　欠点も良いところも全て含めて，ありのままの自分を受け入れられますか？　優しい言葉が思いつかないなら，あなたと同じように身体のイメージについて苦しんでいる大切な友達にかける言葉を考えてみてください。どのように温かく励まし，どのような言葉を気にかけていることを伝えるためにかけてあげますか？　そのような言葉を自分にもかけてあげてください。

> ### 振り返り
>
> 　自分の身体の好きなところと嫌いなところをマインドフルに認識するエクササイズはいかがでしたか？　共通の人間性を思い描いたときに，何か変化はありましたか？　苦しみの最中でも自分に優しく接することができましたか？
>
> 　ほとんどの人は自尊心と外見を強く結び付けているので，このエクササイズは難しく感じたかもしれません。もしこのエクササイズで辛い感情が出てきたなら，身体に不満があることで辛さを感じている自分に優しく接してください。第4章で紹介したスージング・タッチやセルフ・コンパッションを使ったひと休みなどを実践するといいかもしれません。
>
> 　さらに，運動することや健康的な食生活を送ることなど，特定の行動を目標としている人で，コンパッションを持つとその行動の動機づけを失うかもしれないと恐れている人もいるかもしれません。しかし自分をありのままに愛することと，より健康的で幸せになるための新しい行動を取り入れるように自分を後押しすることは，両立できることを忘れないでください。

 瞑　想
コンパッションのあるボディ・スキャン

　この瞑想では，温かい配慮に満ちた注意を，身体のあちこちにさまざまな方法で次々と向けていきます。そして優しくコンパッションのある方法で，身体の各場所とともにいる実践を行います。好奇心と優しさを持って意識を身体へ向けます。おそらく小さな子どもに向けるような意識に近いかもしれません。

　ある身体の場所に心地よさとウェル・ビーイングを感じたら，その場所に対する感謝の気持ちや大切に思う気持ちを引き出します。逆に，批判的で不快な感覚を感じたら，そのような辛さに同情しつつ，心を和らげるようにするといいでしょう。またコンパッションを伝えてサポートするという意味で，その場所に手を置いて，手や指からその場所に温かさや優しさが流れ込んでいくのを想像してみます。

　長い間注意を向けることが辛いという場所があれば，しばらく他の場所に注意を移してかまいません。特に，ある程度感情的に満足しているか身体的に満足しているところに注意を移して，なるべく楽にこの瞑想をできるようにしてください。

　この一瞬一瞬に，自分にとって必要なこととつながりを保っていきます。

この指示が頭に入ったら，目を閉じてコンパッションのある意識を身体の中にめぐらせてください。初心者の方は，ガイド瞑想の音源ファイル（p.208 ～ 209 参照）を使うとより簡単にできて便利です［訳注：英語版のみ］。

- 仰向けになり，手は身体の横から 10cm ほど離し，脚は肩幅に広げて楽な姿勢をとります。片手もしくは両手を胸（もしくは気持ちの落ち着く他の場所）に置きます。これは，このエクササイズで身体への慈悲や，身体と現在とのつながりを忘れないようにするためのものです。手の温かさと優しく触れている感覚を感じてみます。リラックスして３回ゆっくりと深呼吸します。その後，手を身体の横に戻してもかまいません。

- まず**左足のつま先**に意識を向け，何か感じるか探ってみます。つま先は温かいでしょうか？　それとも冷たいでしょうか？　乾燥しているでしょうか？　それともしっとりしているでしょうか？　つま先の感覚をただ探ります。心地よいでしょうか？　不快でしょうか？　もしかしたら何も感じないかもしれません。それぞれの感覚をありのままに感じとります。つま先から心地よい感覚を得られたら，つま先を動かし，心の中でありがとうの笑顔を作ってあげるといいでしょう。
- 次は左足の**足裏**に移ります。何か感覚はありますか？　足はとても小さな表面積しかありませんが，私たちの身体を一日中支えてくれています。かなりの働き者です。少し感謝します。何か不快感があるなら，開かれた気持ちで優しく向き合います。
- 次は**左足全体**の感覚を感じとります。もし心地よく感じるなら，不快感の**ない**ことに感謝します。不快感があったら，温かいタオルで包まれているような感覚を想像して和らげていきます。「そこに少し不快感があるね。でも大丈夫」というように優しい言葉で不快感を認めてもかまいません。
- 注意を徐々に左の脚へと上げていきます。左の脚のいろいろな場所に存在する，あらゆる感覚を探っていきます。不快な感じがないならその場所に感謝し，不快な感じがあればコンパッションを送ります。左脚にしばらく注意を向け続けます。それでは身体の中を通って，ゆっくりと注意を（以下の場所に順次）移していきます……。
  - ◇ 左の足首
  - ◇ 左脚のすねとふくらはぎ
  - ◇ 左膝

- 雑念は常に心の中に浮かんできます。雑念が浮かんだら，雑念が浮かんだことに気づきます。そして注意を向けた身体の場所に再び注意を向けます。
- 優しさとコンパッションのある，こんな言葉をかけてもいいかもしれません。「私の［膝］が安らかでありますように。健康でいられますように」。そして身体の場所の感覚へと注意を戻します。

- 注意を向けている間はいつも，自分の身体を探検するような遊び心を持って，優しく身体と向き合います。以下の場所へと移っていきます。
    ◇ 太もも
    ◇ お尻

- 不快に感じたり，批判したくなったりする場所があれば，胸に手を置いて優しく呼吸し，指から身体へ優しさとコンパッションが流れ込むのを想像してみます。
- 心地よく感じるなら，違和感のない程度に，心の中でありがとうという笑顔を作ってもいいです。

- 今度は，慈悲をこめた意識を**左の脚全体**に向けていきます。ゆったりと感覚を探っていきます。

- 次は**右の足（脚）**に意識を移します。
    ◇ 右足のつま先
    ◇ 右足の足裏
    ◇ 右足全体
    ◇ 右の足首
    ◇ 右脚のすねとふくらはぎ
    ◇ 右膝
- 身体の不快感や感情的な不快感の強すぎる場所があったら，その場所はやらなくてもかまいません。以下の場所で続けます……。
    ◇ 太もも
    ◇ お尻
    ◇ 右の脚全体

- 次は**骨盤**の周辺に意識を移します。骨盤は脚だけでなく，骨盤周辺の臓器も支えている強い骨です。今度は，床や椅子にお尻の当たる感覚を感じとってみます。お尻は，階段を上ったり優しく快適に座ったりすることを手助けしてくれる大きな筋肉です。

- 次は**腰**です。腰には多くのストレスがかかっています。緊張や不快さを感じたら，筋肉がリラックスし，心地よさに浸っているところを想像してみるといいでしょう。

- 少し姿勢を変えることで楽になるのでしたら，そうしてもかまいません。

- 次は**背中**です。

第12章 セルフ・コンパッションと身体　99

- それでは身体の前側の**お腹**に注意を移します。お腹は多くの臓器や身体の機能を持つとても複雑な場所です。お腹に感謝してみます。批判したくなったら，代わりに優しさや受容の言葉をかけていきます。

- 今度は**胸**に移ります。ここは呼吸の中心で心臓もある場所です。愛とコンパッションの源です。胸に意識を向け，感謝と受容の気持ちで満たしていきます。胸の中央に優しく手を置き，今感じていることすべてを認めていきます。

- この瞑想を進める上で，手を置きたい身体の場所に自由に手を置いてください。優しくなでてもかまいません。自分に合った方法で行ってください。

- 小さな子どもに向けるような温かい意識を，自分の身体に向けることを続けてください。以下の場所の感覚を探ります。
  - ◇ 左肩
  - ◇ 左の上腕（二の腕）
  - ◇ 左肘
- 優しい意識を以下の場所に順次向けていきます。
  - ◇ 左の前腕（肘から手首までの部分）
  - ◇ 左手首
  - ◇ 左手
  - ◇ 左手の指
- 指を動かしてもかまいません。動かしたときの感覚を楽しんでください。手は小さなものを持ったり動かしたりできる，独特な働きを持っています。そしてものに触れる感覚に優れています。
- それでは左の指から左肩までの左腕全体に，慈悲とコンパッションのある意識を広げていきます。

- 次に，右側に移ります。順に続けていきます……。
  - ◇ 右肩
  - ◇ 右の上腕（二の腕）
  - ◇ 右肘
  - ◇ 右の前腕（肘から手首までの部分）
  - ◇ 右手首
  - ◇ 右手
  - ◇ 右手の指
  - ◇ 右の指から右肩までの右腕全体

- 次は頭の方へと意識を移していきます。まずは**首**です。手で首を触ってもいいです。首は一日中頭を支えているということを思い出してください。そして頭には血液を，身体には空気を運ぶ道のような役割も果たしています。首が心地良く感じたら，感謝と優しさを伝えます。心の中でも伝えてもいいですし，触って伝えてもかまいません。緊張感や不快感があったらコンパッションを送ります。

- 次に**頭**へ移ります。堅い表面で脳を守ってくれる後頭部からいきます。手で優しく触れてみてもかまいません。また単純に慈悲のある意識を向けるだけでもかまいません。

- 次は**耳**です。耳は，この世界で起きることをたくさん受け取り伝える感覚器官です。音を聞けることに幸せを感じるなら，感謝の念を伝えてみます。聴力が心配なら，胸に手を置いてコンパッションを与えます。
- 他の感覚器官にも同じように，慈悲とコンパッションのある意識を向けてみます。
    ◇ 目
    ◇ 鼻
    ◇ 唇
- 食べたり話したり，笑ったりすることを手助けする**頬**，**あご**，**あごの先**も忘れずに行います。

- 最後に**額**と**頭頂部**，そして頭の内側にある**脳**です。柔らかい脳ですが数十億もの神経細胞から成り，お互いに絶えずコミュニケーションを取っています。そのおかげで，私たちの暮らすこの素晴らしい世界を理解することができるのです。あなたのために毎日休まず働く脳に「ありがとう」と言ってもいいでしょう。

- 身体全体に優しくコンパッションのある注意を向け終えたら，最後は頭からつま先まで，感謝とコンパッション，尊敬の念をたっぷりとかけていきます。

- そしてゆっくりと目を開けていきます。

振り返り

この瞑想はいかがでしたか？　どんなことに気がつきましたか？　感覚を得やすい場所とそうでない場所がありましたか？

批判的になったり不快に感じたりした場所に，コンパッションを向けることができま

第12章 セルフ・コンパッションと身体 101

したか？ 安心させられるようにその場所に手を置いてみましたか？ 身体に感謝の念を送るというのはいかがでしたか？

瞑想中に注意が散漫になったり，イライラしたり，つまらないと感じたりしても，自分に厳しくあたらないようにしてください。身体にあまり興味がない人や，身体に長時間意識を向け続けるのが好きでない人もいます。ボディ・スキャンをすることで，ようやく「本来の自分に戻ってきた」と感じる人もいます。人それぞれで異なるものです。自分が体験したことを受け入れ，大いなる優しさとともに，ありのままでいることを許していきましょう。それがマインドフルネスとセルフ・コンパッションです。

第13章

セルフ・コンパッションの進行する段階

セルフ・コンパッションの実践には，たいてい以下の3つの段階があります。

- 励む *Striving*
- うまくいかずにがっかりする *Disillusionment*
- 徹底的に受容する *Radical acceptance*

　自分自身に優しくすることを実践し始めると，人生の他の領域へ向ける姿勢と同じ姿勢を向けることでしょう。つまり正しくできるように**励む**のです。そしてセルフ・コンパッションを実際に**経験する**と，非常に楽になり，もっと実践しようという気持になるかもしれません。セルフ・コンパッションの最初の段階は，恋愛し始めた頃に夢中になるのと似ているところが

> セルフ・コンパッションを学ぶ最初の段階では，恋に落ちるのに近い感覚があるかもしれません。

あります。新しく見つけた幸せに喜び，愛する人と，その人がさせてくれる経験に夢中になるのです。また自分の必要とするものを部分的には満たせることに気づくと，その素晴らしい経験は恋に落ちるのと似ていて，気分の高揚をもたらします。

> 　ジョナサンが初めてセルフ・コンパッションを使ったひと休み（第4章を参照）を使ったとき，それはあまりに強力な経験で，その力に驚きました。仕事でストレスを感じている状況について考えていたのですが，短い時間でも実践することで，ストレスにさらされていた心がすぐに穏やかに落ち着いたのです。「自分の感じている辛さにマインドフルに接し，共通の人間性を認識して，自分に優しくするだけで良かったなんて」と思いました。「これは素晴らしい！」。

　しかしどんな新しい関係でも，輝きは段々と衰えてきます。例えば，最初の頃に体験した安

心やつながりを感じたいと胸に手を当てても，何も感じられないということが起きてきます。なんてことでしょう！　そこで次の**うまくいかずにがっかりする**段階に入ります。セルフ・コンパッションがうまくいかなくなるにつれ，また正しくできないことがひとつ増えたと考えてしまいます。

　かつて，ある瞑想指導者はこう述べていました。「どのような技法でも全て失敗するようにできています」と。なぜでしょうか？　実践が一瞬一瞬の経験を変えるための「技法」，つまり私たちの気分をよくして辛さを消すためのものになると，目に見えない抵抗が出てきてしまうのです。抵抗がどれほどうまく作用するかは，おわかり頂けるでしょう。

> 　ジョナサンは，思春期の息子と口論になって怒りといらだちを感じたら，自分を落ち着かせるには何をすればいいかわかっていると思っていました。セルフ・コンパッションを使ったひと休みをすればいいのです。しかし残念ながらうまくいきませんでした。そこでジョナサンはスージング・タッチ（第4章を参照）をやってみました。でもうまくいきませんでした。信頼していた友達に裏切られたように感じて，彼は落胆しました。「どうすればいいかわかったと思っていたのに。今までと同じで，自分がみじめに思うよ。自分はセルフ・コンパッションがとことん下手なのに違いないんだ」。

　うまくいかずにがっかりするときの落胆にくじけて，絶望感に身を任せたときこそ，進行が始まるのです。進行という本当の意味とは，進行しなければならないという考えを捨てることです。どこかにたどり着こうとすること，セルフ・コンパッションをうまくできるようになろうとすること，辛さを消そうとすることなど，こうしたことを止めることです。こうしてこそ，実践のねらいをより良くできます。セルフ・コンパッションを実践することで得られる結果にしがみつくのではなく，セルフ・コンパッション自体を目的として実践できるようになります。そして次の**徹底的に受容する**段階に入ります。これは第7章で記した以下のパラドックスを見るとわかります。

苦しんでいるときにセルフ・コンパッションを与えるのは，
気分をよくするためではなく，気分が悪い<u>から</u>です。

　つまり，苦しんでいるときにコンパッションを実践するのは辛さから解放されるためではなく，人間には辛いことがあるからなのです。徹底的に受容するとは，インフルエンザで苦しんでいる子どもの苦しみを和らげようとする親に似ています。時間が経てばインフルエンザは治るわけで，インフルエンザをどこかへ吹き飛ばそうと思って世話をするわけではありません。子どもの世話をするのは熱があって具合が悪いからであり，治るのを待つ間，苦しみを和らげようとするのは自然な反応です。

これは自分自身の苦しみを和らげようとするときも同じです。自分が不完全な人間であり，失敗もあれば苦しみもあるという現実を十分に受け入れると，自然と心も柔らかくなります。これからも辛さを感じることはありますが，愛がその辛さを**和らげる**ように感じられ，辛さに耐えられるようになります。この反応は私たちが普通に行う辛さとの向き合い方とはまるで異なる「徹底的な」向き合い方です。そして，これに伴う変化も同じくらい徹底的に違うものとなるでしょう。

> 　ジョナサンは瞑想の先生と話した後，セルフ・コンパッションを実践する目的が知らないうちに変わっていたことに気づきました。セルフ・コンパッションを使うことで気分が良くなったことで非常に安心したために，気分が悪くなったら辛さを消すためにセルフ・コンパッションを使うようになっていたのです。ついにジョナサンは，自分の人生で辛さがすべてなくなることはないと気づきました。この洞察が心にしみ渡ると，苦しみを感じるたびに自分の中に静かな優しさが生まれてくるのに気づくようになりました。そして，辛さとは心を開くことを思い出させてくれるものととらえるようになり，そもそも自分が人生で一番欲しかったのは開放的な心を持つことだったと気づいたのでした。

　瞑想指導者 Pema Chödrön はこう言っています。「これから何年経ってもきっと気が狂いそうになったり[77]，怒ったりします。びくびくしたり，ねたんだり，自分には価値がないという気持ちを抱いたりします。大切なのは今までの自分を捨て去り，さらにいい人になるということではありません。既にある自分を友達にするということです」。

　瞑想指導者 Rob Nairn はもっと簡潔に「実践する目的とは人生の混乱にコンパッションで接することだ」[78]と言っています。つまり苦しんだり不安定だったり困惑したりと人間らしくあり続けるわけですが，素晴らしいコンパッションもある人間になるということです。そして素晴らしいことに，これは実際に達成可能な目標です。どれほど派手に転んでも，心が張り裂けそうな痛みを感じても，人生や性格がどれほど不完全でも，自分の苦しみにマインドフルに接し，共通の人間性を思い出して，自分に優しくできるのです。

　セルフ・コンパッションの進行する段階は，必ずしも順序通りに起きるものではありません。どちらかというと，らせん状にぐるぐる進んでいく感じです。そして段階から段階へと前後に飛び移ることもあります。しかし時間が経つにつれ，励む段階とうまくいかずにがっかりする段階の時間が短くなり，人生の浮き沈みを通してさらに徹底的に受容できるようになります。何が起こっても，現在とつながりながら，思いやりをもってこれを抱きしめ続けることができるのです。

エクササイズ
セルフ・コンパッションの実践で，自分はどの段階なのだろうか？

以下の空白にこれからする3つの質問を考えた時に浮かんでくる思考を記録してください。

- セルフ・コンパッションの実践は励む，うまくいかずにがっかりする，徹底的に受容するという3段階です。この3段階を通して，前後に飛び移ったりらせん状に進んだりすることを思い出しながら，今どの段階にいるかを振り返ってみます。

  _____
  _____
  _____
  _____
  _____

- 実践で苦しい側面があるのなら，その苦しみを減らす方法は何かありますか？　そっとしておきたかったり，手放したかったり，もしくはもっと十分に味わいたいと思っている経験はありますか？

  _____
  _____
  _____
  _____
  _____

- セルフ・コンパッションを学んでいる途中で，自分にコンパッションを与える方法は何かありますか？　実践が展開するにあたって，自分に優しく，辛抱強くいられますか？　優しさや理解，サポート，そして感謝の言葉をかけられますか？

  _____
  _____
  _____
  _____
  _____

> **振り返り**
>
> 　進行という言葉を聞くとすぐに,「進行するほどいいことだ」と多くの人は考えます。徹底的に受容する段階に到達していないと,自己批判する人もいるかもしれません。大切なのは,セルフ・コンパッションとは生き方であって,目的地ではないことに気づくことです。徹底的に受容できるときもあれば,一生懸命に励んだり,うまくいかずにひどくがっかりしたりすることもあります。すべてが同じように大切な段階なのです。そのため自分がどの段階にいるのかに対して(肯定的にでも,否定的にでも)批判していることに気づいたら,自己評価する癖を手放してください。そして優しい心を持って,その瞬間の自分にとっての真実に向き合えるか試してみてください。

インフォーマルな実践
人生の混乱にコンパッションで接する

　セルフ・コンパッションを,辛さを消すためや「よりよい人間」になるために使っていると気づいたら,このわかりにくい抵抗から注意をそらすようにしてください。不完全な人生を生きている不完全な人間であるからという理由で,コンパッションを実践してみてください。人生は困難なものです。「人生の混乱にコンパッションで接する」実践を行ってください。日常生活の中で辛さを感じたら,いつでも実践できます。

- 不十分に感じ,辛いと感じている状況を考えてください。何か後悔するようなことをしたときのことや,大切なことに失敗してしまったときのことなどです。セルフ・コンパッションのリソースを少しずつ高められるように,深刻すぎない軽い問題を選びます。

- その状況のことを考えると,身体に何か不快な感覚が生まれますか? 何も感じなければ,もう少し難しい状況を選びます。逆に不快な感覚が強かったら,もう少し簡単な状況を選びます。

- 不快な感覚がある間は,その辛さを十分に受け入れることができるかどうかを確かめていきます。辛いからこそ,自分を安心させたり気にかけてあげたりすることで,その感情に耐えて心を和ませます。あなたはこの瞬間に,現在とつながりつつ,慈悲とともに寄り添うことができますか?

- 数回深呼吸し,少しの間,目を閉じます。自分を落ち着かせ,心を整えてください。胸

や他の場所に手を当てたり，スージング・タッチなどを用いたりして，自分へサポート
と優しさを与えていきます。

- 温かくサポーティブで，コンパッションのある言葉で自分に話してみます（声に出して
  も良いですし，心の中で実践してもかまいません）。例えば，
  ◇「自分のことがそんなに嫌いなのは辛いよね。でもそんな気持ちも永遠には続かない
    よ。私はいつでもここにいるし，大丈夫だよ」
  ◇「失敗したときの辛さはとても大きいよね。それを取り除くことはできないけど，勇
    気，辛抱強さ，そして開放的な心で向き合ってみるよ」

- ありのままの自分で人間らしくいることができますか？　完璧になろうとするのをやめ
  て，自分の最善を尽くしていることを認められますか？　自分の不完全さを認識しつつ
  も，無条件に受け入れられているように感じる言葉をかけてあげます。友達や大切に思
  う人へ使うような言葉です。例えば，
  ◇「人生の混乱にコンパッションで接したり，不完全なままで過ごしたりすることはい
    いことだよ」
  ◇「おっと本当にしくじっちゃった。うまくできたら良かったけど，しくじったものは
    しょうがない。気分は良くないけど，自分が不完全な人間で，ミスをすることもある
    という事実を変えることはできないよね。自分のことを理解と優しさで受け入れられ
    ますように」

振り返り

　正しくできるように努力するのを止めたり，自分の不完全さを受け入れたりすること
に抵抗を感じるのは，自然なことです。私たちはできるだけ安心したいものですし，失
敗すると安心感を得ることができません。しかしそれに対して，自分以外の人になろう
と自己批判をすることで，さらにダメージを与える必要はありません。こうすることで
不必要な苦しみを引き起こしていることに気づく必要があります。自分自身のことと人
間なら誰でも持つ欠点を受け入れることで，どんなことが起こるのかを探ってみるだけ
でいいのです。

第14章

人生を深く生きる

　セルフ・コンパッションで最も基本的な質問は「自分には何が必要か」です。しかし自分に本当に何が必要なのかを知るには，自分の人生で，何に最も価値を置いているのかを知る必要があります。これは中核的価値 core value であり，人間を導いたり人生に意味を与えたりする心の深いところにある崇高な理想です[79]。人間に必要なもの need と中核的価値の両方とも，人間性で重要な要素が色濃く反映されます。必要なものとは，例えば健康と安全，愛情とつながりなど身体や感情の生存に必要なものです。他方で価値とは，例えば社会正義や創造的な追求を選んで注目するといった，いわば個人の選択する類のものです。

中核的価値を明確にすると，自分の本当に必要なものを与えやすくなります。

　人生で直面する苦しみは中核的価値に大きく左右されます。例えば自由な時間や新しい冒険に価値を置いて大切にしているなら，もっと多くの時間を仕事に費やす必要のある昇進をせずにいることは幸運なことです。しかし家族を養うことを大切にしているのであれば，昇進できなければ非常に落胆することでしょう。

　目標と**中核的価値**とは同じではありません。両者の違いを以下に示します。

目標は**達成**できる。	中核的価値は目標を達成したあとも，ずっと人間を導く。
目標とは**目的地**である。	中核的価値とは**方向性**である。
目標は人間の**行う**ことである。	中核的価値は人間の**あり方**である。
目標は**設定**されるものである。	中核的価値は**発見**されるものである。
目標は外界から来ることが多い。	中核的価値は内面から生まれる。

　中核的価値の例としては，コンパッション，寛大さ，誠実さ，奉仕などがあります。人間の中核的価値は，他者にどう接して欲しいか，あるいは，他者とどう接したいかなど，人間関係

第 14 章 人生を深く生きる　109

にまつわるものが多いです。しかし，例えば自由，精神的成長，探索，芸術的な自己表現など[80]，より個人的な中核的価値もあります。

マークは企業の法律事務所で働いており，高級な日本車を運転し，外から見れば成功を収めている人でした。両親は医師か弁護士になることを彼にずっと期待していたのですが，いざ弁護士になってみると，彼自身何かが足りないと気づきました。彼は幸せではなく，自ら生きたいと思っていた人生とあまりにかけ離れた人生にたどり着いたのはなぜかを理解できずに困惑していました。マークは書くことが大好きで，著作権侵害を告訴するよりも，小説を書きたいと思っていました。いつかは法律事務所を辞めて小説家になることを夢見ていた一方で，両親が認めないのではと恐れていました。そして何よりも，作家として成功しなかったらどうなるのかと，失敗を恐れていました。

人間は中核的価値に一致した生き方をしていないと苦しむのです。そのためセルフ・コンパッションで重要なのは，人生の価値が何なのかをはっきりさせることです。そしてその価値に基づいて生きているかどうかを確認し，自分に必要なものを与えることです。本当に幸せになりたいと思っていて，苦しみを和らげたいと思うのであれば，つまりセルフ・コンパッションを持っていれば，内的なリソースを見つけ，自分の価値とつながっている意味のある人生を送ることができます。

ついにマークはうつ病になりました。カウンセラーの元に通い出してからセルフ・コンパッションのことを知りました。自分のより良い味方になるためには，心から楽しめる活動をする必要があると気づいたのです。マークは早起きでしたので，毎朝 1 時間を使って最近 5 年間でずっと心に思い浮かべていた物語を書きました。この小さな変化を，マークは「大事なことからはじめよう」と呼び，おかげで以前より幸せや活力を感じるようになりました。そして，職場での時間が以前よりもおっくうではなくなりました。仕事の後に作家の集まりに参加するようになり，同じ志を持つ友達ができたり，地元の本屋に本を読みに行ったりするようになりました。彼は人生が正しい軌道にだいたい乗り始めたように感じていました。仕事を変えなければならないと心の中で感じていた圧迫感も，少なくとも今は落ち着きました。

エクササイズ
自分の中核的価値を見つける

以下の記入欄を使ってこの振り返りエクササイズをしてください。

- 自分が年をとったと想像してみてください。美しい庭の中に座って，自分の人生について思いをめぐらせています。振り返ってみると，心から満足や楽しさ，そして充実しているのを感じます。人生がいつもうまくいったわけではありませんが，可能な限り自分に正直であり続けました。どの価値に基づいた生き方をしたから意味のある人生を送ることができたのだと思いますか？　自然の中で時を過ごす，旅行や冒険をする，人に奉仕するなど，自分の中核的価値を書いていきます。

_____
_____
_____
_____
_____
_____
_____

- 次に，自分の人生で**中核的価値とつながっていない**と感じたり，自分の価値とつり合っていないと思ったりすることを書いてください。例えば自然とつながることが人生で一番好きなことなのに，忙しすぎて自然の中で時間を過ごせていない，といったことです。

_____
_____
_____
_____
_____
_____
_____

第 14 章　人生を深く生きる　111

- 一致した生き方ができていないと感じる価値がいくつかあれば，自分にとって一番大切なものを選んで書き出してください。

- 自分の価値に沿った生き方を阻む要因があちこちにあるのは当然です。そのいくつかは，時間やお金がないという**外的な要因**です。例えば，仕事に多くの時間を費やさなければならず，自然と過ごす時間がない，といったことです。そうした外的な要因がなにかあれば，それを書き出してください。

- 自分の価値に沿った生き方を阻む**内的な要因**もあります。例えば，失敗することを恐れたり，自分の能力を疑ったりなど，内的な批判が生き方を阻むことはありませんか？　例えば，自分は森で一日のんびりと過ごす価値がないように感じていませんか？　内的な要因をすべて書き出してください。

- それでは，**自分への優しさやセルフ・コンパッションを持つことで，自分の価値に沿った生き方ができる**かどうかを考えてみます。例えば，内的な批判などの内的な要因を乗り越えるのに役立ちますか？　セルフ・コンパッションがあると安心感や自信を得られ，新しい行動をしたり，失敗を承知でやってみたり，時間の無駄になることを止めたりできますか？　例えばスケジュールを柔軟に組める仕事に就いて，もっとキャンプに行ってみるなど，今まで考えもしなかった方法で自分の価値を表現する方法はありますか？

- 最後に，自分の価値に沿った生き方を阻む要因のうち，**乗り越えられないもの**があったらその苦しみを感じている自分にコンパッションを与えることができますか？　つまり自分の置かれた状況にかかわらず，価値を捨てずに生きるということです。そして，もし乗り越えられない問題というのが，自分は**不完全**だということであれば，人間は誰でも不完全なように，自分を許すことはできますか？

振り返り

このエクササイズをやってみていかがでしたか。思いもしなかった出会いはありましたか。

このエクササイズをしても中核的価値がはっきり出てこない人がいます。今まで人生を一生懸命に頑張って生きてきたので，自分にとって本当に有意義な価値を考える時間すらなかったのかもしれません。その場合にはセルフ・コンパッションを使って「自分にとって大切なことは何だろう？」と聞いてください。自分が大切だと思って価値を置いていることは，本当に自分自身の思っている価値ですか？　それとも大切にすべきだと他の人が言った価値ですか？

自分の中核的価値ははっきりとわかっているのですが，これに沿った生き方ができていないことにがっかりする人もいます。セルフ・コンパッションを使ったら生き方を手放すことができるかどうかを考えるのも大切ですが，努力をしても中核的価値に沿った生き方ができないこともあることを認識することも同じように大切です。もし自分の中核的価値に沿った生き方ができていないと思うのであれば，心の奥底に燃える願望を持ち続けながら，人生とは複雑なのだと受け入れられるかどうか，確かめてみましょう。中核的価値を少しでも表現することで，人生に大きな変化が生まれる可能性があるかもしれません。

インフォーマルな実践

誓いとともに生きる

不満，いらだち，不安などの気持ちは，自分の中核的価値に沿った生き方をしていないという意識から生まれます。「間違った場所や時間に，間違った人々と間違ったことをしている」と気づいたときこそ，中核的価値を思い出すべきです。

- 中核的価値を誓いにすることで思い出しやすくなります。**誓いとは何でしょうか？**
  - 誓いとは，人生において方向性を見失ったら，常に自分の方向性を変えられるのだと**強く願うこと**です。

  - 誓いは，人間の一番大切なことを常に思い出させてくれる**錨**のような役目を果たしますが，契約のように拘束するものではありません。

☞ 誓いは，**呼吸瞑想における呼吸のようなもの**で，日々の生活で迷って途方に暮れたときに戻ってくる安全な場所となります。

- 迷っていることに気づいたら，恥や自己批判を持たずに，多くのコンパッションとともに自分に接する必要があります。そして中核的価値に改めて注意を向けていきす。先ほどのエクササイズで見つけた大切な中核的価値の中で，これからの人生でずっと持っていたいと思うものをひとつ選んでください。
  そしてそれを誓いの文章にして書いていきます。「私が～できますように」や「私は自分のできる限り～することを誓います」という形です。

_____
_____
_____
_____
_____
_____
_____
_____
_____
_____
_____
_____

- 目を閉じてこの誓いを静かに数回繰り返します。

振り返り

　有意義な誓いを作ることはできましたか？　このような形で心に念じてみるというのはいかがでしたか？

　毎日誓いを口にすることで，家までの道のりを見つけるためにGPSを設定するように，正しい軌道に乗り，これを続けられる人は多くいます。朝ベッドから起きる前に胸に手を当てて，誓いを数回，口にしてから起き上がるといいかもしれません。眠りにつく前に行ってもかまいません。誓いを言う時にはろうそくを灯したりして，ちょっとした儀式のようにすると行いやすいこともあります。

第 14 章　人生を深く生きる　115

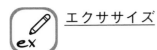 エクササイズ

希望の兆し

　人生を深く生きることのもうひとつの側面は，人生で遭遇する苦しみや困難から学ぶということです。人間はほとんどが困難や失敗を恐れていますが，そういった経験をしなければ学ぶことのなかった教訓を学ぶ機会にもなります。Thich Nhat Hanh は「泥なきところに蓮咲かず」（泥中蓮華）と言っています[81]。人生の泥に根を下ろしてこそ，可能性を最大限に発揮できるという意味です。困難を経験すると，自分がより深い内面と向き合い，自分にあるとは思いもしなかったリソースや洞察に気づくことができます。ことわざの「どの雲にも銀の裏地が付いている」[訳注：憂いの反面には喜びがあるという英語のことわざ。「禍福はあざなえる縄のごとし」とほぼ同義]とはこのことです。セルフ・コンパッションのメリットのひとつは，苦しみに圧倒されることなく共存することを可能にし，成長や発見をするのに必要な手助けとなるところです。

> 可能性を最大限に発揮することは，泥に根を下ろすことから始まります。

　このエクササイズを始める前に 2，3 回深呼吸をします。目を閉じて自分を落ち着かせ，心を整えてください。胸か，身体の他の落ち着く場所に手を置いて，サポートや優しさを伝えてください。

- 過去にとても大変だったり，乗り越えられないと思ったりしたことで，振り返ると大切な教訓となった出来事を考えてください。今は解決し，学ぶべきことは学んだと思えるような昔の出来事を選んでください。どんな状況でしたか？　書き出してください。

_____
_____
_____
_____
_____
_____
_____

- その困難や危機は，経験なしには学ばなかったような，どんな教訓を教えてくれましたか？　それも書き出していきます。

- では**現在**，直面している困難で，希望の兆しがあるかどうか，ひとつ試しに考えてみてください。もし持ち合わせているのであれば，今の苦境の裏にある**隠れた教訓**とは何であると思いますか？

- セルフ・コンパッションを実践すると安心感や強さを得られて，この苦境で学ぶべき教訓を知ることができるようになると思いますか？

振り返り

　このエクササイズを実践してみていかがでしたか。今直面している困難に隠れた希望の兆しを見つけることができましたか？　また，それを見つけるのにセルフ・コンパッションは役に立ちそうですか？

　希望の兆しを感じない困難な状況もあり，何とか生き延びただけで十分ということもあり得ます。こういう場合は少し時間をとって，逆境にあっても回復できるという自分のレジリエンスを十分に認識しましょう。

　学びは困難から生まれると覚えておけば，苦しい状況をよりポジティブにとらえることができます。だからといって困難を否定するのではありません。今の状況で希望の光を見出せないままなら，それも自然なことなので，無理に見出そうとする必要はありません。困難の背後に成長が隠れている可能性に正直に向き合うだけで，困難は少し軽くなるでしょう。

第15章

自分を見失わずに他者のためにそこにいる

　セルフ・コンパッションが自分の人生を変えるには，自分を失わずに他者のためにそこにいることができるようにすることです。他者が苦しみを感じているときにその場にいると，自分も文字通り，苦しみを感じます。ミラーニューロン[82]と呼ばれる，他者の経験していることを自分の体内でも感じるための特別な神経があると仮定している研究者もいます。さらに脳のある領域は，社会的状況を判断して他者の感じる感情に特に共鳴する[83] resonating とされています。この共感的共鳴 empathic resonance は言語以前の本能的水準で生じやすいものです。

　共感的共鳴とは，他者と協力して子孫を育てたり自分を危険から守ったりするために，進化論的に適応したものです。人間は生まれつき社会的交流を図るように創られているのです。共感は通常はいいことですが，他者，とりわけよく知っている人の苦しみに共感し，その人の苦しみを自分の苦しみのように感じてしまうと，問題になることもあります。この共感的ディストレス empathic distress は非常に強く感じられることもあります。そうなると，人間はどうにかして自分の苦しみを避けたり，減らそうとしたり，他者をシャットアウトしたり，知的な形で急に問題を解決しようとしたりと，あれこれ試そうとします（詳細は第18，19章参照）。

　誰かに苦しい思いを話そうとしたとき，聴く人はあなたの話をあまり聴かずに，すぐに解決策のアドバイスを返したので，なぜかと疑問に思ったことはありますか？　あるいは，**あなたが**相手にそう反応したことはありますか？　これは非常によくある反応ですが，なぜそう反応するのでしょうか？　この理由のひとつには，自分もその苦しみを感じるからこそ，他者の苦しみとともにいるのが辛くなるからです。共感的ディストレスでは，自分の人生における恐怖感や不快な記憶を思い出すこともあります。

　マリアは自分が繊細で，他の人を助けたいといつも思っていることに気づきました。ある日，親友のアイシャがお茶に誘ってきました。アイシャは最近長く付き合っていたボーイフレンドと別れたことを涙ながらに話したのですが，マリアはアイシャの話をよく聴かないまま，すべてうまく行くよ，新しい人を見つけられるよ，などと口をはさみ続けていました。アイシャも思わず「なんで私の話を聴けないの？　とても悲しくて，吐き出す必要があるの。いつか大丈夫になる日が来るんだろうけど，今，私は大丈夫じゃない。あな

たにはそばにいてほしいの！」と叫んでしまいました。アイシャはいかにも動揺した様子でカフェを出ていってしまいました。

　マリアは助けてあげようと思っていたのですが，彼女のやり方では事態を悪化させただけでした。問題を解決したいと考える人は，他者の苦しみを「治そう」としがちです。好意であっても，その人の話を十分に聴いたり，苦しみを受け止めたりしないままに話を遮ると，話す人との感情のつながりを壊します。意識的か無意識的かはさておき，話す人はきっとコンパッションを受け取りたいと思ったはずです。コンパッションは苦しみをすぐに取り除かずに留めておくためのリソースです。さらに，コンパッションは苦しみを経験している人を優しくケアするためのリソースでもあります。

　では，どうしたら苦しんでいる人との感情のつながりを維持することができるのでしょうか？　まず**自分自身**とのつながりを保つ必要があります。つまり自分の共感的ディストレスに気づき，自分にコンパッションを持って接するのです。話す人への反応をオープンに

> 他者への共感を維持するには，自分へのコンパッションから始まります。

受け入れたり，他者の苦しみを聴くのが大変なこともあるのだというコンパッションを持てれば，話す人の邪魔をしたり，会話の途中に自分の気が散ることなく，話を聴くことができます。

　アイシャが出ていってから，マリアは自分の考えていることを整理し，友達が苦しんでいるところを目の当たりにするのがどれだけ辛かったかに気づきました。マリアは役立ちそうな助言をすることでアイシャの苦しみを取り除きたかっただけでしたが，アイシャに必要だったのはコンパッションのある傾聴だったので，逆効果となったのです。さらにマリア自身が1年前に同様の失恋をした経験があったために，アイシャの話を聴いてマリアが圧倒されてしまったのでした。

　マリアはアイシャが友達として大好きだったので，その日の夕方にアイシャの家に行って謝り，もっと話す時間を作りました。今回は，アイシャが話している間，「コンパッションとともに聴く」を実践しました（p.122参照）。マリアは不快な気持ちになるたびに，自分のために長く，気分が安らぐような深呼吸をしました。こうするとアイシャの話を聴きやすくなることにすぐに気づいたのです。マリアはやっと友達のためにそばにいることができたと同時に，自分の側にもいることができて，嬉しい気持ちになり，安心したのでした。

瞑想

コンパッションを与えて受け取る

　この瞑想はこれまでに取り上げた優しい呼吸（第6章）と自分への慈悲（第10章）という2つの瞑想を基にしています。ここでは呼吸に気づき，優しさとコンパッションを意図的に育んでいきます。これはMSCコースの3つ目の中核瞑想です。自分のために息を吸い，他者のために息を吐くと考えると良いでしょう。息を吐くことで瞑想が広がり他者を含み，息を吸うことでセルフ・コンパッションを思い出していきます（ガイド瞑想の音源ファイルはHPにあります。p.208〜209参照）。

> 他者と一緒に安心感と心地よさを得るには何が必要でしょうか？

- 楽な姿勢で座り，目を閉じます。手を胸か安心感を得られる他の場所に置いてもかまいません。単なる気づきでなく，自分の経験と自分への慈悲に気づくサインとなります。

- **呼吸を味わう**
  - 数回深呼吸して，息を吸うたびに身体に栄養が行き渡り，息を吐くたびにリラックスするのを感じます。
  - では，自分の自然な呼吸を見つけていきます。息を吸う感覚と，息を吐く感覚を感じ続けていきます。呼吸のリズムに合わせて，身体を優しく揺らしたり，身体をなでたりしてもかまいません。

- **気づきを準備する**
  - それでは**吸う息**に注意を向けてみます。ひと呼吸ひと呼吸，息を吸う感覚を味わい，吸う息がどう身体に栄養を与えるかに意識を向けていきます……そして，息を吐き出します。
  - 呼吸をしながら，息を吸って自分に対して優しさとコンパッションを取り入れます。息を吸うときに，優しさやコンパッションを身体で感じていきます。吸う息とともに言葉やイメージが身体に入ってくることを想像してもかまいません。
  - 今度は**吐く息**に注意を向けます。息を吐く感覚を身体で感じていきます。息を吐いて穏やかな感覚を感じとります。
  - **自分にとって大切に思っている人**，**今苦しいさなかにあってコンパッションを必要としている人**を心に思い浮かべてみます。その人の姿を映像のように，心の中でイメージしてみます。
  - では吐く息をその人に向けていきます。息を吐き，穏やかな感覚を送り届けるようなイ

メージで息を吐いていきます。

- 息を吐くたびに，その人に向けて優しさやコンパッションを乗せて送ってもかまいません。

- **自分のために息を吸い，相手のために息を吐く**
  - 今度は，吸う息と吐く息の**両方**の感覚に注意を向けて，味わっていきます。
  - 自分のために息を吸い，先ほど思い浮かべた相手のために息を吐いて行きます。「自分に吸って，相手に吐く」，「自分にひと呼吸，相手にひと呼吸」。
  - 呼吸をするとき，息を吸って優しさとコンパッションを自分に取り込み，息を吐いて相手に優しさとコンパッションを送ります。
  - 自分に多く（「自分に 2 呼吸，相手に 1 呼吸」），もしくは相手に多く（「自分に 1 呼吸，相手に 3 呼吸」）呼吸を向けても，あるいは，自分と相手に同じくらいに呼吸を向けてもかまいません。その瞬間で，自分でいいと思ったようにやっていきます。
  - 不必要な努力を手放し，呼吸のように楽な瞑想をしていきます。
  - 大きな海の優しい動きのように，息を吸うと流れて入り，息を吐くと流れて出ていきます……限りなく広がる流れのように……息が流れて入り，息が流れて出ていきます。自分が限りなく広がる流れの一部となります。コンパッションの海です。

  - それではゆっくりと目を開けていきます。

振り返り

　瞑想をやってどんなことに気づきましたか？　何を感じましたか？　自分のために息を吸うのと，相手のために息を吐くのでは，どちらが簡単でしたか？　自分と相手のどちらのニーズが高いかに合わせて，必要なときには，自分や，相手にフォーカスするなど，流れを調節することはできましたか？

　他者にコンパッションを持って接しながらも，自分にもコンパッションを与えることができるというのは，大きな安心感となることでしょう。しかし中には，特に相手の人が大きな苦しみに直面している場合に，自分のために呼吸することが大嫌いな人もいます。自分に合うように呼吸の方向性を調節することが大切です。相手のために多く息を吐いた方が合うときもあれば，自分のために多く息を吸う方が合うときもあります。あらゆる人がコンパッションの輪に入っていれば，適切なバランスがきっと見つかります。

　この瞑想は，自分のことを見失わずに，他者のためにそこにいられるように作られた他の実践の基礎となるものです。毎日 30 分間，実践するといいでしょう。

インフォーマルな実践
コンパッションとともに聴く

　今度誰かがあなたに辛い話を打ち明けているときに，これをやってみてください。このやり方であれば，話している人と感情的なつながりを維持しながらも，自分は押しつぶされないようになるでしょう。

- 身体で感じながら聴く
    - まずは相手の話を**身体で感じるように聴く**ことです。身体全体で聴き，目や耳で注意を向けるように，身体に生じる感覚を感じます。そしてよさそうだと思ったら，現在とつながりつつ，慈悲を自分の身体にたくわえてください（つまりコンパッションです）。このエネルギーは自分と相手との両方に向けます。
    - 話を聴いていると，いろいろな反応が自然に生じるでしょう。例えば聴いたことに感情的に引っかかったり圧倒されたりする，相手の話と近い自分の経験が気になってしまう，相手の話を遮ってその人の問題をすぐに「治さなきゃ」と思ってしまう，といったことです。

- コンパッションを与えて受け取る
    - 自分の気持ちがどこかにさまようことに気づいたら，そのときこそ，その場で「コンパッションを与えて受け取る」をインフォーマルに実践してみます。しばらく自分の呼吸だけに注意を向けます。自分のためにコンパッションを吸い込み，相手のために吐き出します。自分のために息を吸うことで自分と自分の身体が再びつながることができ，吐くことで相手とつながることができます。そうすることで，相手の感じる苦しみの渦中に自分が存在できるのです。また吐く息にこうして注意を向けると，相手の問題を治そう(つまり話を遮ること)という強い思いも満たすことができるかもしれません。
    - 相手の話を身体で感じて聴けるようになるまで，コンパッションの呼吸をし続けます。話を聴いている間はあまり呼吸に注意を向けないで欲しいのです。なぜなら呼吸に注意を向けることがマルチタスクになり，気が散る可能性があるからです。そうではなく，コンパッションの呼吸とは自分の気が散りそうになったときの簡単な安全策であり，慈悲とともに今とつながる状態に戻すものと考えてください。つまり自分のことを見失わずに，他者のためにそこにいられるということです。

振り返り

　他者の話を聴きながら，何度かこの実践を行ったら，話を聴くという経験にどのような影響があったか振り返ってみましょう。呼吸が注意の妨げになる場合は，呼吸に向ける注意を減らすといいでしょう。逆にまだ共感的ディストレスに圧倒されたり，他者を治したいと強く思っていたりするのであれば，自分の身体と呼吸にもっと注意を向け，自分のために息を吸い，相手のために息を吐くといいでしょう。自分にとってうまくいくバランスを見つけられるまで，試してみてください。

第16章

辛い感情に向き合う

人生を生きるのは簡単ではありません。困難な状況に直面することは多く，同時に怒り，恐怖，心配，悲しみなど辛い感情にも直面します。ある程度年を取ると，問題から逃げてもあまりいいことはなく，直接問題に対処する必要があることを学びます。

しかし辛い感情に向き合うとなると，マインドフルネスやセルフ・コンパッションを持ち合わせていても，はじめは辛く感じることが多く，逃げたくなるものです。しかし癒しを得るためには向き合わなければなりません。感情の中を通り抜けるしかありません。健康的な真の人生を生きるには，辛い感情と共存する勇気が必要です。ということは，すべての辛い感情に真っ向から向き合わなければいけないのでしょうか？　幸いにも答えはいいえです。ある人が瞑想指導者 Thich Nhat Hanh に，瞑想実践に辛い感情とどのくらい共存すべきなのかと尋ねました。彼の答えは「少しだけ！」でした。

不快感を経験するというのは，セルフ・コンパッションが生まれる上で必要になることですが，コンパッションを育むには感情の辛さにちょっと触れるだけでいいのです。そして自分を圧倒しないようにゆっくりと進めます。いやな感情が生じたら，これに少しずつ近づいていくのも，セルフ・コンパッションの技術です。

> 辛い感情が癒えるには，感情と向き合い共存する必要があります。

辛い感情に向き合うとき，感情を受容する5つの段階[84]があります。それぞれの段階を経るにつれて，感情の抵抗が徐々に解放されていきます。

- **抵抗する** *Resisting*：生じる感情と戦う－「どっか行け！」
- **探索する** *Exploring*：不快感に好奇心をもって向き合う－「私は何を感じているのか？」
- **耐える** *Tolerating*：この感情に安全に耐え，現状を保つ－「好きではないけど，我慢できる」
- **許す** *Allowing*：気持ちが来ては去ることを許す－「大丈夫。この気持ちのためにスペースを作ろう」
- **親しくなる** *Befriending*：辛い感情を経験したことの価値を見出す－「この経験から学べることは何か？」

第 16 章　辛い感情に向き合う　125

　読者の皆さんは，それぞれの段階を，本書で紹介しているエクササイズに取り組む間に安全に過ごすためのガイドとして使うと良いでしょう。押しつぶされそうな感情を感じたら一歩引き，真っ向から辛い感情に向き合うよりも，好奇心をもち続けるほうが賢明かもしれません。安全第一で一歩引くのが，セルフ・コンパッションで学べる最大の教訓かもしれません。

> 感情に向き合うことと，感情から一歩引くことの，どちらが必要なのか，自分自身に聞きましょう。

　マインドフルネスとセルフ・コンパッションのリソースを使うと，辛い感情を避けたり抵抗したり，押しつぶされたりせずに向き合えるようになります。

　辛い感情に向き合う際に特に役立つ 3 つのやり方をここに示します。

- 感情にラベルをつける
- 身体にある感情に気づく
- 和らぎ，なだめ，許す

1 つ目と 2 つ目のやり方の基礎はマインドフルネスで，3 つ目のそれはコンパッションです。

感情にラベルをつける

　「名付けて慣れる」。辛い感情にラベルをつける，もしくはどういう感情なのかを分類することで，感情を解きほぐし，感情から自分を「はがす」ことができます。研究では感情にラベルをつける[85] ことで，危険を知らせる扁桃体の活動が減り，身体のストレス反応を引き起こす可能性が低下するとされています。「これは怒りだ」，「恐怖が出てきている」などと優しく言うだけで，ある程度感情から解放され，感情の周りに少しスペースができます。感情に飲み込まれる代わりに，自分がそういった感情を持っていると認識することで対処法の選択肢が増えるのです。

> 辛い感情にラベルをつけることで，感情に飲み込まれるのを防ぐことができます。

身体にある感情に気づく

　「感じて癒す」。感情には精神的な要素と身体的な要素，つまり思考と身体感覚があります。例えば人間は怒りを感じるとき，心の中で自分の視点を正当化し，何を言おうか，あるいは言うべきだったかなどと考えます。そして身体が闘う準備をすると，腹部の周辺が緊張します。

　人間は思考の影響を容易に受けるため，感情を思考の面から扱うのは難しく，身体感覚から扱う方が容易です。思考の変化は速く，思考そのものを変容させようと一定の状態にしておくのは困難です。一方，身体感覚の変化は比較的ゆっくりしています。身体にある感情を見つけて固定する，つまり感情から生じる身体感覚を見つけてマインドフルに気づきながら，この感覚を留めておくと，辛い感情が姿を変えるのです。

シングルマザーのケイラは，大学の書店からの請求書を見て，その金額にショックを受けました。娘のディナに，大学で教科書など必要な物を買うためにクレジットカードを与えたのですが，近年教科書がそんなに高値だとは想像すらしていませんでした。ケイラは取り乱し，汗をかいたり，手をもんだりし始めました。ディナの秋学期の授業料を払った後で，すでに銀行にあるお金を使い果たしていました。どうやって請求の支払いをするのか？ もっと勤務時間を増やさないといけないのか？ でも医師には高血圧と言われているし。別れた元夫に助けを求めるか？ いや，助けてくれる見込みはない！ 新しい家族ができてディナの養育費も 18 歳になった時に終わってるし。どうすればいいんだ。娘に電話して本を返品して，友達から借りるように言うか？ もしくはもっと学費の安い短大に転校するように言うか？

ケイラは落ち着いて，今まで学んできていたマインドフルネスのテクニックを応用しなければ，とわかっていました。そこでお茶を入れ，やっと自分自身が何を感じているのかを聞く心の余裕を持つことができました。「恐怖？ いや，違うな。悲しみだ！」。ディナがせっかく頑張って入った大学を辞めろというのは悲しい，と感じていたのです。請求額は予想より高かったけれど，だからといって破産するわけではありませんでした。さらにボーナスももうすぐ出る予定でしたので，それで授業料の支払いで行った当座借越〔訳注：口座引落で普通預金の残高が不足した場合，定期預金を担保に銀行から自動的に融資を受ける制度〕も解決します。シンプルに感情にラベルをつけて，この感情を認めることでケイラは自分の置かれた状況を別の視点から，よりはっきり見ることができたのです。

それからケイラは，身体のどこで悲しみを感じているかを理解しました。胸のあたりに，虚しさのような感覚として表れていました。また重たい感じもありました。胸のあたりに気づきを向けていくと，悲しみはさらに落ち着きました。

和らぎ，なだめ，許す

辛い感情は，慈悲をもってこれを受け入れる関係を築くことで，より短時間で過ぎ去ります。つまり感情とは，より簡単に通り過ぎるのです。気づくことに怖さがあると，感情にはあまり向き合えず，せいぜい感情の経験になんとか耐えるくらいです。しかし気づくことに優しさと温かみがあると，自分の中で何が起きているのかを感じる強さが身につき，自分に必要なものを与えることができます。

和らぎ，なだめ，許すは，身体で感じている辛い感情にコンパッションとともに対応する方法です。以下の 3 つの方法で，自分自身への安心感を与えることができます。

- **和らぐ Softening** －身体へのコンパッション
- **なだめる Soothing** －感情へのコンパッション
- **許す Allowing** －精神へのコンパッション

第 16 章　辛い感情に向き合う　127

　和らぎ，なだめ，許すのやり方は，前述した2つのマインドフルネスのやり方にコンパッションを加えます。辛い経験にさまざまに気づき，これにただ向き合うのではなく，辛い経験を受け入れる準備をするのです。コンパッションを用いると感情面で安全になり，感情と向き合い，感情から学ぶことができます。

> 　ケイラはその夜ベッドに行ったものの，なかなか寝付くことができませんでした。まだ感情が収まらずにいたので，和らぎ，なだめ，許す方法を実践しました。まずは自分の感じていることにラベルをつけ（依然としてほとんどが悲しみで，少しの恐怖がある），前と同じように胸のあたりに強い痛みを感じました。そこでケイラは今までやった2つのアプローチに少しのコンパッションを加えました。胸にずっと続いていた感覚をそのままにしないように身体を和らげ，胸に優しく手を置いてゆっくりと丸を描いてなでて，親しい友達に話すように自分に話をしました。「金銭面で大変な時期で辛いよね。フェアじゃない。もちろん娘にとってベストなことを望んでいるからこそ，悲しくもなったよね。でも大丈夫，どうにか一緒に切り抜けよう」。
>
> 　自分に対して理解とサポートを示すようにしたら，悲しみに押しつぶされることはなくなりました。悲しみの存在を許し，優しさとともに悲しみを感じることができました。さらにこの状況から学ぶこともあると気づきました。彼女は最悪のシナリオを考え込み，不必要な苦しみを引き起こす傾向にありました。それが高血圧の大きな原因だったのです。しかし本当はそんなに自分を苦しめる必要はありませんでした。恐怖と悲しみ（と彼女自身！）に勇気ある優しい方法で向き合ったら，この感情に打ち負かされることはありませんでした。こうした洞察で，ケイラはこれからの困難，特にシングルマザーとしての困難にもきっと向き合えるだろうと，自信を持つことができました。

 <u>インフォーマルな実践</u>

辛い感情に向き合う

　本章で説明した3つのやり方は，別々に実践することも，あるいは，一緒に実践することもできます。日常生活で必要なときにやるのが一番です。
　以下の教示もしくはHPにあるガイド瞑想の音源ファイル（p.208〜209参照［訳注：英語版のみ］）を使って練習してみましょう。

- 座っても横になってもかまいません。楽な姿勢で目を閉じて，リラックスした呼吸を3回してみます。

▪ 胸，もしくは，安心感を得られる他の場所に手を置きます。自分は部屋にいて，自分も優しさを受ける資格があることを思い浮かべていきます。

▪ 現在直面している**軽めか中程度**の辛い状況を考えてみましょう。健康上の問題，人間関係のストレス，愛する人が苦しんでいること，などがいいです。あまりに難しい問題や小さな問題は選ばないように注意してください。そのことを考えたときに身体にちょっとしたストレスを感じるようなものを選びます。

▪ その状況を視覚的なイメージで思い浮かべてみます。誰がいますか？　**何が起きていますか？**

- 感情にラベルをつける

  ▪ その状況を思い浮かべている間，自分の中に生じる感情があるかどうか注意を向けていきます。何か浮かんでくれば，感情が浮かぶたびに**ラベルをつけていきます**。例えば……。

    ◇ 怒り
    ◇ 悲しみ
    ◇ グリーフ（喪失感）
    ◇ 混乱
    ◇ 恐怖
    ◇ 切望
    ◇ 絶望

  ▪ いくつもの感情を感じているのなら，その状況に関する**最も強い**感情にラベルをつけます。

  ▪ それでは優しく，理解ある声でその感情のラベルを繰り返します。同じ感情を感じている友達を認めていくように，「それは切望だね」，「それはグリーフだ」と。

- 身体の中の感情に気づく

  ▪ 次に，気づきを身体全体に広げていきます。

  ▪ もう一度辛い状況を思い出して，身体のどこで一番感情を感じているかを探ってみます。心の目を使って頭からつま先までくまなく観察し，少しでも緊張感や不快感のある場所で留まります。

  ▪ 今は，身体で「感じられる」ことを感じるだけです。それ以上は必要ありません。

  ▪ では，もしできれば，一番強く感情の表れる**身体の場所**をひとつ選んでください。筋肉が緊張しているところ，空虚感を感じているところ，胸の痛みなどです。

  ▪ 心の中で，そっとその場所に寄り添っていきます。身体の中にある感情の身体感覚のあるがままに，これに十分に気づいていきます。

第 16 章　辛い感情に向き合う　129

- **和らぎ，なだめ，許す**
  - それでは，辛い感情を感じている身体の場所を**和らげます**。温かいお湯につかっている感覚で，筋肉の緊張をほぐし，リラックスさせます。和らぐ，和らぐ，和らぐ……。感情を変えようとするのではありません。その感情を優しく支えているだけです。
  - 感情の角を少し柔らかくすると考えてもかまいません。
  - 次に，辛い状況にいる自分を**なだめます**。
  - 胸や，不快感のある他の場所に手を置き，自分の手が優しく触れる感覚を感じてもかまいません。温かさや優しさが手から身体へと流れ込むような感じです。自分の身体のことを愛する子どもの身体のように考えてもかまいません。
  - 自分で聞きたいと思っている，安心感を得られる言葉はありますか？　もしそうであれば，同じように苦しんでいる友達がいると想像してみます。どんな言葉をかけますか？（「こんな気持ちになるのは辛いよね」，「あなたのことを心から想っているよ」）。似たようなメッセージを自分にもかけられますか？（「この感情を感じるのは辛いね」，「私が私に優しくできますように」）。
  - もし自分で必要だと思ったらいつでも目を開けて，いったんこのエクササイズをやめて，呼吸だけを感じてもかまいません。
  - 最後に，不快感がそこにあることを許します。不快感のためにスペースを作り，不快感を追い出そうという思いを手放します。
  - 自分がありのままで，今の状態であることを**許します**。この瞬間だけでかまいません。
  - 自分の感情とともに，和らぎ，なだめ，許すというサイクルを繰り返してもかまいません。毎回，あらゆる感情をあるがままにより深く感じてみます。身体で感情が変わったり，姿形を変えたりしたら，そのまま感じとります。和らぎ … なだめ……許す……和らぎ……なだめ……許す……。

  - では実践を終えて，身体全体に注意を向けていきます。感じていることをそのまま感じ，この瞬間のあるがままの自分でいます。

振り返り

　感情にラベルをつけることで，何か変化はありましたか？　その感情に伴う身体感覚を探ったとき，どんなことを観察しましたか？　その部分を和らげ，自分をなだめ，感情の存在を許すことで，どんなことが起こりましたか？　エクササイズの途中で感情は変わりましたか？　あるいは身体感覚が身体を少し動き回りましたか？　このエクササイズで何か難しいところはありましたか？

感情とつながる身体の場所を見つけるのが難しい人もいます。この理由の一つに，他よりも身体感覚の敏感な（「内受容感覚」と呼ばれるスキル）人の存在があります。もうひとつの理由に，感情が強すぎると麻痺してしまうことがあります。いずれにせよ，身体の感じるものに注意を向ければいいのです。なんとなく不快感がある，麻痺している気がする，などという感覚に，コンパッションの気づきを向けます。

　最初に出てきた感情が違う感情に変わったり，身体の場所が変わったりすることもあります。例えば，最初は目の後ろに感じた恐れと緊張感が，胃のあたりにグリーフを感じるように変化するかもしれません。自分自身の経験する感情を特定し，これを感じ，コンパッションとともに許すことができれば，その下に隠れた感情も明らかにすることができます。

　このエクササイズをしていて圧倒されそうになったら，再び安心と心地よさを感じるまで，一度エクササイズをやめてください。癒しには時間がかかりますし，自分自身の限界も尊重する必要があります。ゆっくり歩けば，遠くまで行けます。

第17章

セルフ・コンパッションと恥

恥 shame とは愛されたいという純粋な欲求，つまり愛情を受ける価値を持ちたい，居場所が欲しいという欲求から生まれるものです。人間は誰でも愛されたいという願望を持って生まれてきます。赤ちゃんの時に愛されると，必要とするあらゆるもの（食べ物，衣服，住居，絆）[86] を与えられます。そして大人になっても，子どもを育てたり，自分自身を危険から守ったりと，生きていくためには他者の助けが必要になります。恥は，自分が何か根本的に間違っていて受け入れられていない，愛されていないという感情です。恥が強烈な感情なのは，人間のまさに生存そのものが危機にさらされるように感じるからです。

実は，恥には以下の3つの不思議なパラドックスが存在します。
- 恥は非難に値する感情と思いがちだが，実は純粋な感情である。
- 恥を感じていると孤独で寂しく感じるが，誰にでも共通している感情である。
- 恥は永久に続き自分のすべてにわたるような気がするが，一時的なもので，私たちの一部分でしかない。

> アルンは健康保険会社で上級管理職をしていましたが，仕事上，大勢の人前で話さなければならないときはいつも，恥の感情で何もできなくなっていました。どれだけ念入りに準備をしても，どれだけそのトピックに関する知識を持ち合わせていても，自分ははっきりと説明できないし，ドジな失敗をするように感じ，他の人も自分なんて上司の立場を務めるに値しない詐欺師だと思うに違いない，と感じていました。アルンは良きリーダーだと思われたかったのですが，常に自分には足りないところがあると思っていました。そして英語が第2言語だという壁もありました。アルン称する「恥の発作」がくると，彼はオフィスのドアの鍵を閉め，隠れることもよくありました。

罪悪感と恥は違います。罪悪感は行動について悪いと感じる感情です。これに対して，恥は自分自身について悪いと感じる感情です[87]。罪悪感のあるときは，自分は何か悪いことを**した**

と言いますが，恥を感じるときは，自分自身が悪い人間で**ある**となります。実際のところ，罪悪感は必要なときに状況を改善する動機づけとなり，生産的な感情になり得ます。しかし恥は人間を麻痺させ，効率的な行動を取らせない非生産的な感情です。研究ではセルフ・コンパッションを持つことで悲しみ，後悔，罪悪感といった感情を，恥にとらわれることなく経験できるようになるとされています[88]。

> 罪悪感は行動についての感情で，恥は自分自身についての感情です。

ネガティブな中核信念

　人生で困難に直面したときに，心に何度も浮かんでくる思考があります。子ども時代に起源を持つ自己疑念が，弱っているときにはっきりと，そしてあたかも事実であるかのように感じるのです。これが恥のルーツとなっているネガティブな中核信念 core beliefs です[89]。例えばこういうものです。

- 「自分は欠陥品だ」
- 「自分は愛される価値のない人間だ」
- 「自分はどうしようもない人間だ」
- 「自分は不十分だ」
- 「自分はでき損ないだ」

　こういった，人間が自分に対して抱く中核信念は数が限られていて，15 ～ 20 個程度とされています。地球には 70 億人もの人間がいるということを考えると，自分だけが感じていると思っている不完全さは，実は 5 億人の人間が感じていることかもしれないと結論づけることができます！

　恥は誰にも話さないでいるとそのまま維持されます。他者（そして自分自身）から隠すことでネガティブな中核信念も根強く残ります。人間は，自分のこうした側面が知られたら拒否されることを恐れています。他者も同じように，普通でないと感じたり孤独感を感じたりしているということを忘れています。ネガティブな中核信念を少なくとも自分自身だけでも明らかにすると，ネガティブな中核信念の影響が薄れていきます。

> 恥を隠すとそのまま続きます。

　誰にでも長所と短所があります。人間は多面的で複雑な生き物なので，単純に価値がある・ない，愛されるに値する・しない，と判断することはできません。セルフ・コンパッションは自分たちのすべての側面を温かく，寛大な気づきで包み込みます。でも自分には致命的な欠点があり，今までもそうだったしこれからもそうだろうと信じ込んでいると，自分の一側面にとらわれて他の部分を見ることができません。自由の身となるにはその側面も，ネガティブな中核信念も受け入れ，自分全体を認める必要があるのです。

第 17 章　セルフ・コンパッションと恥　133

> 「恥の発作」で何年も苦しんだアルンはとうとう嫌気がさしました。不十分に感じることで成功を妨げるのは許せませんでした。自分がなぜ恥を感じるかというと，父親がいつも兄のデヴをひいきしていたからだとわかっていました。父親は，デヴのやり遂げたことはほめても，アルン-ジ（アルンのニックネーム）には直すべきところがあると指摘していたのです。そこでアルンは子どもの頃の自分，つまり，自分はいつも期待に応えられないと感じている部分と新しい関係を築こうとしました。恥や不十分さを感じたときに，小さなアルン-ジに腕を回して，「きっとうまくやれるよ。ミスをしても大丈夫。僕はいつでもここにいるし，何が起こってもお前のことを受け入れるよ」と優しく，勇気づけることを言ってみるのを想像しました。また当時の自分の写真を自宅の机に置き，父親に望んでいた話し方で写真に話しかけました。
>
> こうして数か月が経つと，アルンは会社のミーティングでも以前より自信をもって話せるようになりました。恥が消え去ったわけではありませんが，恥の感情に邪魔されることはなくなりました。そして恥を感じている自分の部分とも友達になれました。やっぱりアルンはいい大人ですし，知識も経験も持ち合わせています。アルンの聡明で成熟した部分は，どうすればアルン-ジが必要とするものを与え，サポートできるのかをわかっていたのです。

　セルフ・コンパッションは恥に対する最高の防御手段です。セルフ・コンパッションを用いると，自分のしたミスに対して自己批判するのではなく，優しさを持って向き合い，失敗したことで孤独感を感じるのではなく，誰でも失敗するものだと共通の人間性を思い出し，ネガティブ感情を自分と同一視する（私が悪いのだ）のではなく，マインドフルになる（私は悪いと感じる）ので，複雑に入り組んだ恥はダイレクトに取り除かれます。そして慈悲とともに現在とつながりつつ，（恥も含めた）経験のすべてを支えることで，人間は再統合されるのです。

エクササイズ
ネガティブな中核信念に向き合う

　人間のネガティブな中核信念とはあくまで信念であって現実ではありません。これは若いころに心に深く埋め込まれる思考で，真の値になることはほとんどありません。しかし，この思考が無意識の中に取り残されていると，大きな影響を及ぼすことがあります。何よりも大切なことは，この思考に気づき，特定することです。この信念を明らかにしていくと，信念から受

134

ける影響が弱まり始めます。オズの魔法使いの中で，いざカーテンを開けてみると魔法使いの
本当の姿は，言われるほど大きな強い支配者ではなく，カンサス［訳注：オリジナルのストーリー
では，魔法使いはネブラスカ州出身とされる。おそらくは著者の勘違いか］から来たごく普通の詐
欺師だったというのに似ています。

　しかしネガティブな中核信念に向き合うのは，特に子どものときにトラウマを経験した人に
とっては難しいでしょう。このエクササイズができる精神的，感情的な余裕があるかどうか，
自分自身で確認してください。今回はやめておこうと決めるほうが，セルフ・コンパッション
に基づいた判断になるかもしれません。もしくは現在セラピストと面接継続中であれば，専門
家の指導・支援のもとで行う方がいいでしょう。

- **やり方**
  ☞ これがよくあるネガティブな中核信念の一覧です。自分がときどき持つ信念に注目し，
  特に信念の生じやすい状況（職場で，人間関係において，家族といるとき，など）はあ
  るか，特定してみましょう。

自分は不十分な人間だ	自分は欠陥品だ	自分はでき損ないだ
自分は馬鹿だ	自分はどうしようもない　やつだ	自分には能力がない
自分は詐欺師だ	自分は悪い人間だ	自分は愛情に値しない人間だ
自分は必要とされていない	自分には価値がない	自分は大事な人間ではない
自分は普通じゃない	自分は弱い人間だ	自分は無力だ

  ☞ 次にセルフ・コンパッションの3要素を用いて，ネガティブな中核信念に影響を与えら
  れるかどうか，やってみましょう。

  - **マインドフルネス**：ネガティブな信念を持つとどんなふうに感じるかを，客観的で認
    めていくように書いてみます。例：「自分は愛されるに値しない人間だと考えると，
    心が痛む」，「自分が無力だと感じると，辛い気持になる」

  _____
  _____
  _____
  _____

  - **共通の人間性**：自分の持つ信念は，人間なら誰でも経験することの一部であると書い
    てみます。例：「自分と似たようなことを感じている人は何百万といるはず」，「こん
    な気持ちになっているのは自分だけではない」

第 17 章　セルフ・コンパッションと恥　135

_____

_____

_____

_____

_____

- **優しさ**：それでは，ネガティブな中核信念のために生じた辛さの経験に対して配慮を示しつつ，自分に向けた理解ある優しい言葉を書いてみます。あなたの友達がその信念を持っていたとわかったときに，あなた自身が友達に語りかけるように書いてみるとよいかもしれません。例：「そういう気持ちになるのは辛いね。どれだけ辛いかわかるよ。私は，あなたのことをそのようには思っていないわ」

_____

_____

_____

_____

_____

振り返り

　このエクササイズをやってみてどうでしたか？　自分に対するネガティブな中核信念を1つか2つ特定することができましたか？　この信念を持つ経験に対してマインドフルネス，共通の人間性，優しさを使うことで，どんなことを感じましたか？

　ネガティブな中核信念をコンパッションで包み込もうとすると，信念がいっそう強くなるという人もいます。これはバックドラフト（第8章を参照）が起きているかもしれません。つまり愛情が流れ込み，古い痛みが流れ出ているのです。もうひとつよくあるのは，ネガティブな中核信念と同一視した自分自身の一部が，あたかも捨てられるかのように恐れてしまうことです。大切なことは，ネガティブな中核信念を取り除いたり，捨てたりしようとしているわけではないことを知って欲しいのです。むしろ，意識して配慮のあるやり方で向き合うことで，自分に対する影響力を減らそうとしているだけなのです。

<u>インフォーマルな実践</u>

恥に向き合う

　これは辛い感情に向き合うエクササイズ（第16章参照）と似ています。恥の認知的要素，つまりネガティブな中核信念にラベルをつけて，身体のどこで恥を感じているのかを特定し，その経験にコンパッションを向けるエクササイズです。恥に向き合うときに特に重要なことは，恥は愛されたいという願望から生まれていること，万人に共通していること，恥は感情であり一時的なものであることを覚えておくことです。このエクササイズにはこうした要素が織り込まれています。

　繰り返しますが，今このエクササイズをすることが正しいと思ったときにのみ行ってください。やろうと決めたものの途中で不快な感情が生じたら，自分を大切にし，必要なら止めます。そして，例えば温かいお風呂に入ったり，犬をなでたり，散歩をしたり，足裏を感じたり（第8章を参照）してください。

　以下のエクササイズでは，恥そのものよりも，気まずくなることになるべく注意を向けてください。リソースを築きつつ，ゆっくり進めて欲しいと思います。

- 座っていても横になってもいいので，楽な姿勢をとり，目を半分もしくは完全に閉じます。数回リラックスした深呼吸をします。ため息をついてもかまいません。*はぁぁ〜〜〜。*

- 手を胸，もしくはリラックスできる他の場所に置き，自分が部屋にいるとイメージします。手から身体に優しさが流れ込む感覚をイメージしてもかまいません。
- 気まずく感じたり，恥ずかしく感じたりした出来事を思い出してみます。例えば……。
    - ◇ 何かに過剰に反応した
    - ◇ バカなことを言った
    - ◇ 仕事での課題に失敗した
    - ◇ 大事なイベントでズボンのチャックが開いていた
- 身体で不快に感じるような出来事を選んでください。何も感じなければ他の事柄を選んでください。ただし10段階で3くらいのことにしておきます。
- 自分の印象を悪くしないように**他人に知られたくない**，もしくは覚えていて欲しくない出来事にしてください。
- 今は，他人を傷つけた記憶や，誰かに許して欲しいと思うことではなく，自分に対してネガティブな感情が生まれるような状況を選んでください。
- 出来事を少し詳しく思い出し，じわじわこみ上げる感情を感じてみます。これは勇気の

いることです。五感のすべてを使って，身体で恥や気まずさをどのように感じているのか注意を向けていきます。

- **中核信念にラベルをつける**
  - それでは，少し時間をとって，**自分のどんなことが他人に知られるのを恐れているのか**について，考えてみます。そしてこれにラベルをつけます。例えば「自分は欠陥品だ」，「自分は親切でない」，「自分は詐欺師だ」などです。これはすべてネガティブな中核信念です。
  - 中核信念がいくつか出てきたら，一番あなたにとって大きいものを選んでください。

  - このエクササイズを進める上で，すでに孤独だと感じているかもしれません。その場合には，私たちはみんな「一緒に孤独だ」と思い出していきます。みんな，人生のどこかであなたと同じように感じるものです。恥は万人共通の感情です。

  - では，友達の中核信念を明確に示すように，自分の中核信念を明確に示します。例えばこんな感じです。「そうか，自分は愛される価値のない人間だと感じているんだね。それは辛い！」。あるいは自分に温かく，コンパッションのある声で「愛される価値がないか……自分は愛されない人間だと思っているんだ！」と語りかけてみます。
  - 気まずいとか恥ずかしいと感じるなら，そう感じるのは自分の一部に過ぎないことを思い出してください。そういう感情は昔からあるように感じますが，いつもそう感じているわけではありません。
  - 私たちのネガティブな中核信念は，愛されたいという願望から生まれます。私たちはみんな愛されたいと思っている純真な生き物です。
  - 何度も繰り返しますが，このエクササイズをやっている間にいやな気持になったら，いつでも目を開けるか，自由に休憩してください。

- **身体で感じる恥へのマインドフルネス**
  - それでは，意識を身体全体に向けていきます。
  - 辛い状況をもう一度思い出し，身体のどの部分で気まずさや恥を一番感じているかを探ってみます。心の目を使って，頭からつま先までを見渡して，少しでも緊張感や不快を感じているところで止まります。
  - では，おそらく筋肉が緊張してむなしさを感じるところ，または胸の痛みなど，気まずさや恥を一番感じる**身体の場所をひとつ選んでください**。細かく特定する必要はありません。

  - 改めて，エクササイズをしている間は自分のことを大切にしてください。

- 和らぎ，なだめ，許す
  - それでは，心の中で恥を感じている場所に寄り添ってみます。

  - 辛い感情を感じている身体の場所を**和らげます**。温かいお湯に入る感覚で，筋肉の緊張を解き，リラックスさせます。和らぐ……和らぐ……和らぐ……感情を変えようとしているわけではないことを忘れないでください。優しい感じ方をしているだけです。感情の角を少し柔らかくすると考えてもかまいません。
  - 次に，苦しい状況だから自分を**なだめます**。気まずさや恥ずかしさを感じる場所に手を置き，自分の手の温かく優しい感触を感じてみます。その部分がその感情と向き合うためにどれほど懸命に努力してきたかを認めていきます。温かさや優しさが手から身体へと流れ込む感じを想像してもかまいません。あなたの身体のことを，あたかも愛する子どもの身体のように考えてもいいかもしれません。
  - 自分で聞きたいと思っている，安心感を得られる言葉はありますか？　もしそうであれば，同じように苦しんでいる友達がいると想像してみます。どんな言葉をかけますか？（「こんな気持ちになるのは辛いよね」，「あなたのことを心から想っているよ」）。友達にはどんなことを知っておいて欲しいですか？　どんなことを覚えておいて欲しいですか？
  - 同じメッセージを自分に語りかけます（「この感情を感じるのは辛いね」，「自分が自分に優しくできますように」）。可能な限り，その言葉を信じてみます。
  - 繰り返しますが，気まずい，恥ずかしいと感じているとき，そう感じるのは自分の一部に過ぎないことを思い出してください。いつもそう感じているわけではありません。

  - 最後に，あなたの身体にあるどんな不快感も，そこにあることを**許します**。身体の感じるままに，心臓の感じるままにしておきます。すべての感情のためにスペースを作り，追い出そうとする思いを手放します。
  - 和らぎ，なだめ，許すというサイクルを繰り返してもかまいません。毎回，より深く感じていきます。和らぎ……なだめ……許す……和らぎ……なだめ……許す……。
  - この実践を終える前に，自分は今，愛されたいという願望から生まれる気まずさや恥を感じたことのある世界中の人とつながっていることを思い出してみます。

  - では実践を終えて，身体全体に注意を向けていきます。感じていることをそのまま感じ，この瞬間のあるがままの自分でいます。

第17章 セルフ・コンパッションと恥 139

振り返り

気まずさや恥の裏に隠れたネガティブな中核信念を特定できましたか？ その中核信念にラベルをつけると，どう感じましたか？

身体のどこかに恥を感じましたか？ どこで感じましたか？
和らぎ，なだめ，許すの実践を行って，恥の経験が何か変わりましたか？

恥に向き合うのは難しいかもしれません。この実践を進めていくと，勇気をより多く必要としたでしょう。もしセルフケアするためにこのエクササイズをしなかったとしても，そのことに対して自分に感謝しましょう。

この実践をしている間に，やりにくさがいろいろ生じたかもしれません。例えば身体で恥を感じられないかもしれません。恥を感じると，ぼーっとするかもしれません。また身体の，特に頭でむなしさや空虚感を感じるかもしれません。簡単ではありませんが，無の感覚に集中するといいかもしれません。また恥にとらわれていると，自分はコンパッションに値しないと感じ，自分にコンパッションを与えるのが難しいと感じる人もいます。さらにこのエクササイズ中には，ご存知のバックドラフト（第8章参照）の起こる可能性が高いのです。このエクササイズがどんな理由であれ難しいと感じたなら，苦しみを優しく認めることに注意を向けてください。それこそが，セルフ・コンパッションの実践です。

第18章

人間関係でのセルフ・コンパッション

　人間の感じる苦しみの多くは人間関係から生じます。「地獄とは他人のことだ」[90] とはサルトルの有名な言葉です。幸いなことに，人間関係の苦しみの多くは不必要なものであり，自分自身との慈悲深い関係を育むことで防ぐことができます。

　人間関係での苦しみには少なくとも２種類あります。ひとつは人間の**つながり** *connection* から生まれる苦しみ，つまり自分にとって大切な人が苦しんでいるときに感じる苦しみです（第 19 章参照）。

　もうひとつは人間の**断絶** *disconnection* から生まれる苦しみ，つまり拒絶されたり傷ついたり，怒りや孤独を経験したりしたときに感じる苦しみです（第 20 章参照）。

　人間の感情共鳴 emotional resonance の能力[91] は，感情が人から人へ伝わりやすいということを意味します。親密な関係では特に伝わりやすいのです。例えばパートナーにイライラしているのを隠そうとしても，相手はすぐにそれを感じとり，「怒ってる？」と聞いてくるでしょう。もし否定したとしても，今度はパートナーがイライラし，空気が悪くなり，声のトーンもイライラしてきます。そして今度は，自分自身がそれを感じとり，余計にイライラし，声の

> ネガティブ感情が悪循環した場合，セルフ・コンパッションを取り入れると好循環に変えられます。

トーンがきつくなり，と延々終わらなくなります。どんなに気を付けて言葉を選んだとしても，人間の脳は他者に感情を伝えているので，こういうことになるのです。

　人間づきあいで，ある人がネガティブな態度をとるので，別の人がもっとネガティブな態度になるというように，ネガティブ感情の**悪循環**[92] が起きることがあります。つまり他者は私たちの心の状態に，部分的に責任があります。また私たち自身も**他者の心の状態**に，部分的に責任があります。しかし幸いなことに，人間関係での感情の意味を変えることよりも，感情は他者に伝わりやすいため，私たちにもできることがあります。セルフ・コンパッションを取り入れることで，悪循環を好循環に変えることができます。

　コンパッションとは実はポジティブ感情です[93]。苦しみの渦中にあっても，コンパッション

は脳の報酬中枢を活性化させます。だからネガティブな人との関わりの方向性を変えるには，自分がその場で感じている苦しさにコンパッションを向けることが大切なのです。自分に向けたコンパッションというポジティブ感情は，声のトーンやちょっとした表情から相手にも伝わり，悪循環を絶つことができます。このようにセルフ・コンパッションを育むことは，私たちだけでなく人間関係にとっても最善の策なのです。

　当然ながら研究でもセルフ・コンパッションのある人の方がより幸せでより充実した恋愛関係[94]を築けるとされています。例えばある研究では，セルフ・コンパッションが高い人ではセルフ・コンパッションのない人よりもパートナーから受容的であり，批判的でないと評価される傾向にありました。セルフ・コンパッションのある人はパートナーの考え方を変えようとするのではなく，意見を尊重し，パートナーの視点を大切にする傾向を示しました。さらにセルフ・コンパッションのある人はより親切で，人との関係を大切にし，愛情深く親密で，人間関係の問題について話し合おうとする傾向にありました。またセルフ・コンパッションのある人は，パートナーにより多くの自由と自主性を与えていることもわかりました。パートナーに自分で物事を決め，パートナー自身の興味を持つように勧める傾向にありました。逆に，セルフ・コンパッションのない人は，より批判的で，パートナーをコントロールしようとする傾向にありました。また自己中心的で柔軟性に乏しく，自分のやり方を押し通す傾向もありました。

> 　スティーブがシーラに出会ったのは大学生の頃で，結婚して15年後の今も，彼女のことを心から愛していました。しかし同時に，認めたくはなかったのですが，シーラにだんだんとイライラするようになっていました。というのもシーラはかなりの心配性で，常にスティーブの愛情を再確認する必要がありました。15年も一緒にいるのに，まだ愛情を信じていないのでしょうか？　もしスティーブが毎日「愛してるよ」と言わなかったらシーラは心配し始め，数日間空いただけでものすごく不機嫌になりました。スティーブは，シーラが愛情確認を何度も強く求めることに束縛を感じ，自分の心からの愛情を示したいという気持ちを否定されるようで怒りを感じていました。そのため2人の関係はぎくしゃくし始めたのです。

　他者と親密な関係を築くには，まずは自分自身と親密な関係を築く必要があります。苦しいときに自分自身にサポーティブであることで，大切な人をケアするための感情的なリソースが身につきます。自分の愛されたい，受け入れられたいという欲求を満たせれば，パートナーに同じことをして欲しいとは思わなくなり，パートナーはより自由で自分らしくあることができます。セルフ・コンパッションを育むことは，自己中心的なことでは全くありません。また幸せで健康的な人間関係を築くのに必要なレジリエンスが生まれます。

> 親密な人間関係は自分自身とのつながりを感じることから始まります。

時間が経つにつれシーラは，自分がスティーブに常に愛情表現を求めることがどれだけ彼の負担なのかに気づくことができました。自分はブラックホールのようで，スティーブがいくら愛情表現をしても，自分が「十分に」愛されているとは感じないことに気づきました。いくら愛情があっても足りないんだ，と。そこでシーラは，夜に自分の強く望む愛情表現のための日記を付け始めました。スティーブから聞きたいと願う「愛しているよ。決してあなたの側は離れないよ」という温かい言葉を書きました。そして翌朝の最初に，前日の夜に日記に書いたことを自分で読み，言葉を自らにしみ込ませるのでした。今までスティーブに求めていた愛情確認を自分自身にすることで，スティーブを解放することができました。スティーブから言われるほどにはいい気分ではなかったのは事実でしたが，彼に頼りきりにならずに済むという満足感を得ることができました。シーラからのプレッシャーがなくなったことでスティーブは自然体でいられるようになり，2人の関係はより親密なものになりました。自己受容で，安堵感を得ることができるようになると，自分がこうだと求めるものではなくても，スティーブの愛情もありのままに受け入れることができました。皮肉なことに，自分の必要とすることを満たせると，自己中心的な傾向も減り，自立できる新しい自分を楽しめるようになりました。

インフォーマルな実践
人間関係で対立したときのセルフ・コンパッションを使ったひと休み

- 誰かとの関係が難しくなったら，セルフ・コンパッションを使ったひと休み（第4章）を試してください。その場を少し離れるか，もし離れられないなら黙ってセルフ・コンパッションを使ったひと休みを実践するのです。こんなふうに……「今は辛い」，「苦しみはどんな人間関係にもあるものだ」，「自分が自分に優しくいられますように」。サポーティブに身体に触れるのもいいでしょう。ひとりでいるときなら胸か他の場所に手を当てて，誰かと一緒にいるときなら自分の手を握るなどさりげなく行います。

- 他者と再び関わる前に，自分に慈悲深い態度で接し続けるために，コンパッションを与えて受け取る瞑想（第15章）を実践してみましょう。その瞬間に感じる苦しさを認めて，自分のために息を吸い，相手のために息を吐きます。自分の感じている苦しさを十分に認めて，他者の苦しみに行うのと同じように，自分の必要とするものをしっかり与えることを忘れないでください。

- 自分の心の状態が変わったら，相手の心の状態がどのように変わるのかに注意を向けてください。

> **振り返り**
>
> 　人間関係のことでセルフ・コンパッションを使ったひと休みを数回行ったあとに，あなたの対人的なやりとりに何か効果があったことに気が付きますか？
> 　相手がセルフ・コンパッションを理解し，実践している場合には特に大きな効果があるでしょう。その場合には，お互いの関係が緊張したときに，お互いに「セルフ・コンパッションでひと休み！」と言い，それぞれが一息入れて，そのとき感じる苦しさのために自分にコンパッションを与えてから，また会話を再開しましょう。

 エクササイズ
自分の感情に必要なことを満たす

　私たちは，自分の感情に必要なこと needs をパートナーが直接に察知して，満たしてもらおうと期待するので，パートナーにプレッシャーをかけることがよくあります。例えば，あなたはあるプロジェクトを終わらせるためにパートナーに励ましてもらいハグして欲しいとします。でも別のプロジェクトに取り組んでいるときには，距離を置いて一人になる時間が欲しいと感じ，このことをパートナーに察してもらえなかったとあなたが怒ったら，あなたのパートナーはあなたの無茶な期待にプレッシャーを感じることでしょう。また，あなた自身も満たされないために苦しむのでしょう。自分に必要なことをパートナーから与えてもらおうと頼るのではなく，自分に必要なことは自分で直接満たすことができるのです。もちろん自分に必要なことのすべてを自分で満たすことはできないので，他人に頼る必要が出てくるときもあります。しかし完全に頼りきるわけにもいきません。

- 紙を 1 枚用意して，人間関係で不満を感じていることを書き出してください。例えば，パートナーから十分に注目されていない，尊重されていない，サポートを受けていない，認められていない，などです。細かなこと（例：自分の望むほどのメッセージをもらえない）に焦点をあてるのではなく，必要だが満たされていないこと，例えば大事な存在だと感じてもらうこと，親切にされることなどを特定するように心がけてください。

_____

_____

_____

_____

_____

_____

_____

- 次に，どうすれば自分に必要なことを満たせるかを試すアイディアを書き出してください。例えば大事な存在と感じているサインが欲しいのであれば，自分に花を買ってあげるというのはどうでしょう？　もっと身体に触れて欲しいのであれば，毎週マッサージを受けるとか，自分の手を握るというのはどうでしょう？　自分に優しい言葉を使うことで愛情やサポートを感じられますか？　最初はバカみたいだと思うかもしれません。しかし自分に必要なことを満たす習慣がつくと，パートナーに感情的に満たしてもらうために頼ることが減り，他者に与えるリソースも身につきます。

_____

_____

_____

_____

_____

_____

_____

振り返り

　他者に頼りきりになるよりも，自分の感情に必要なことを自分で満たすことができることを知ると，非常に驚く人が多くいます。また，パートナーが自分に必要なことを十分満たしていないことを悲しんだり，グリーフ（喪失感）を覚えたり，怒りを感じたりする人もいます。自分に必要なことを満たせたとしても，それをパートナーがやるべきではないという意味ではないことも覚えておいてください。特に，あなたが自分に必要なことを伝えているときはそうです。健全な人間関係とは，2人が互いに与えて受け取るという関係です。しかしこうしたやりとりが生じやすいのは，両者が自らに優しさとサポートとケアを与えて感情的に満たされるときなのです。

瞑　想
コンパッションのある友達

　この視覚イメージを使った瞑想の目的は，コンパッションのある自分をイメージし，そのイメージとの会話を始めることで，コンパッションのある自分の一部とつながることです。コンパッションのある自分との関係性を強化することは，他者との関係を強化する上での大切なリソースとなります。この瞑想は Paul Gilbert による瞑想を改良したもの[95]で，セルフ・コンパッションをなかなか育めない人には特に有効です。

　視覚イメージの得意な人もいれば，そうでない人もいます。リラックスし，瞑想に身を任せ，イメージが自然に浮かんだり，消えたりするのを感じてください。イメージが何も浮かんでこなくても大丈夫です。そのときに感じている気持ちを感じてください（ガイド瞑想の音源ファイルは HP に掲載しています。p.208 〜 209 参照［訳注：英語版のみ］）。

- 楽な姿勢をとります。座っても横になってもかまいません。優しく目を閉じて，身体が落ち着くまで数回深呼吸していきます。片手，または両手を胸か，他の安心感を得られる場所に置きます。この手は自分に**慈悲に満ちた**注意を向けるためのサインとなります。

● 安全な場所
- 安全で心地よい場所にいることをイメージしてみます。例えば暖炉のある暖かい部屋，暖かい陽と涼しい風のある静かな海，森林。あるいは雲の上など想像上の場所でもかまいません。静かで安全だと感じられる場所ならなんでもかまいません。その場所で感じる心地よさをたっぷり感じて楽しんでみます。

● コンパッションのある友達
- まもなく安全な場所に人が訪れます。温かくて愛情にあふれた人，コンパッションのある友達，賢さ，強さ，そして無条件の愛を持った想像上の人です。
- その人はスピリチュアルな人かもしれませんし，賢くてコンパッションのある先生かもしれません。愛情いっぱいだったおじいちゃんやおばあちゃんなど，過去に出会った人に近い感じの人かもしれません。もちろん，完全に想像上の人でもかまいません。その人の姿をはっきり見ることはできないかもしれません。ただ存在感を感じる，鮮やかな光のようなものかもしれません。
- そのコンパッションのある友達は，あなたのことを大切に思っていて，不必要な苦しみから解放されて幸せになってほしいと思っています。
- 心の中でイメージしていきます。

- 友達が到着する
  - コンパッションのある友達に会うために安全な場所から出てもいいですし，招き入れてもいいです。会いたいと思ったらこの機会に会ってみましょう。
  - 自分でいいと思ったところに自分自身とコンパッションのある友達に座ってもらいます。そしてその人と一緒にいる感覚を感じてみます。今すべきことは，ただその人の存在を経験することだけです。
  - その人からの無条件の愛とコンパッションを十分に受けとめられるかどうか，やってみます。自分にしみ込ませていきます。十分に感じられなくても大丈夫です。どんなことでもその友達はわかってくれます。

- 友達と話す
  - あなたのコンパッションのある友達は賢く，知識豊富で，あなたが今人生の旅路でどこにいるのかをわかっています。友達は，**今あなたの聞く必要のあること**を何か言おうとしているかもしれません。何を言いに来たのか，耳を傾けてみます。
  何も言葉が出てこなくても大丈夫です。いい友達と一緒にいることをただ経験していきます。それ自体が幸せなことです。
  - **あなた**がその友達に言いたいことがあるかもしれません。友達は深く耳を傾け，完全に理解してくれます。**あなた**は何か友達と共有したいことがありますか？
  - その友達は何か，有形の贈り物を持ってきたかもしれません。その贈り物は，あなたが手を差し出せばそっと現れます。そしてあなたにとって特別な意味があるものです。何だと思いますか？
  - もう少しの間，友達の存在を楽しんでみます。そして一緒にいることを楽しむにつれ，その友達が実は自分の一部であると気がつきます。経験したコンパッションの感覚，イメージ，言葉はすべて，自分の内にある賢明さやコンパッションから生まれたものなのだ，と。

- 現実へ戻る
  - 準備ができたら，心の目でイメージを少しずつ溶かし，コンパッションと賢明さはいつでも，特に自分が一番必要とするときに自分の中にあることを心に留めます。いつでもコンパッションのある友達を呼ぶことができます。
  - それではゆったりした身体に戻り，今経験したこと，聞いたこと，もらったものを心から味わいます。
  - 最後に，瞑想を手放し，自分の感じているものをあるがままの自分で感じていきます。
  - ゆっくりと目を開けていきます。

振り返り

　安全な場所を視覚イメージで思い浮かべ，心地よさを感じることはできましたか？　コンパッションのある友達のイメージや存在を思い浮かべることができましたか？

　コンパッションのある友達から，今自分の聞く必要のある有意義な言葉は聞けましたか？　その人と話すのはどんな感じでしたか？　何か特別な意味のあるものをもたらしましたか？

　この瞑想で何か難しいと感じたことはありましたか？　コンパッションのある友達が，実は自分の一部で，その人の賢明さやコンパッションはいつでも自分のそばにあると発見するのはどんな感じでしたか？

　視覚イメージの得意な人には，この瞑想はとても効果的なものとなるでしょう。特に，日常生活で心配になることに向き合うときに，内的なコンパッションの声を聞く方法として大いに役立つかもしれません。

　コンパッションのある友達が，両親や祖父母など亡くなった人の場合もあり，グリーフを感じるかもしれません。その人のコンパッションよりもグリーフの大きい場合は，完全に想像上の人で，似たところのあるはっきりと姿の見えない人をイメージした方がやりやすいかもしれません。グリーフが非常に強いものではないのなら，亡くなったけれども愛している人が賢さやコンパッションとして自分の中で生き続けていることがわかると，宝物となることでしょう。

第19章

介護と子育てのセルフ・コンパッション

　ほとんどの人が中年になる頃には，何らかの形で介護や子育てをしています。医師，看護師，セラピスト，ソーシャルワーカー，教師などの専門家として対人ケアに従事する人もいれば，子ども，お年寄り，両親，配偶者，友達などを個人的に世話する人もいます。

　苦しんでいる人をケアする場合，共感的共鳴のプロセスとは，苦しむ人々のストレスを自分のストレスとして感じることです（第15章参照）。他者が苦しんでいるのを見ると，自分の脳の痛み中枢が活性化されます[96]。共感によるストレスは耐えられないほど苦しいこともあり，自分の痛みと同じように，共感による痛みを感じないようにしたり，消し去ろうとしたりするのは自然な反応です。しかし常に苦痛を感じていると疲れ果て，介護や子育ての疲労やバーンアウトを引き起こす可能性があります。

　では，どうなったらバーンアウトになりそうだとわかるのでしょうか？　たいていは，気が散ったり，怒りっぽくなったり，イライラしたり，そわそわしたり，他者を避けたり，眠れなかったり，ストレスを感じたり，イヤな考えが思わず頭に浮かんだりします[97]。介護や子育ての疲労が起きるのは弱いからではなく，他者のケアをしているからです。実際，介護や子育てに共感的共鳴を示す（この能力があるからこそ，こういう人では介護や子育てにまつわる仕事を選びやすいのですが）ほど，疲労を感じやすいのです[98]。自ら押しつぶされずに受け止められる他者の苦しみには，限界があるのです。

　介護や子育てのバーンアウトを防ぐためによくあるアドバイスは，大きく2つあります。ひとつは，自分自身と世話する相手との間に感情の**境界線** boundaries をはっきり引くということです。このやり方で問題になるのは，感情に敏感であることは効果的な介護や子育てに必須だということです。また大切な子どもや親を世話しているのなら，世話する人と自分との間に境界線を引くと2人の関係が悪化するかもしれません。

　もうひとつのよくあるアドバイスは**セルフケア**の行動をするということです。よくあるセルフケアの行動には運動する，楽しく食べる，友達と一緒に過ごす，休暇を取る，などがあります。こうしたセルフケアはとても大切なことですが，介護や子育てのバーンアウトの対処法としては大きな限界があります。多くのセルフケアは他者のケアをしてい**ない**ときに行われ，他者の

第19章　介護と子育てのセルフ・コンパッション　149

ケアをしている最中にはなかなか行えないからです。例えば，心理療法に来ているクライアントがあまりにも恐ろしい話をふと語ったとしても，その場では「えええっ！　そりゃ怖い話ですね。私も怖くなったからマッサージを受けてきます！」なんて言えないですよね。

> 自分が誰かを世話している間，自分のセルフケアはできないので，介護や子育てのバーンアウトを防止する手段としては限界があります。

　ではコンパッションはここでどんな役割を果たし得るのでしょうか？　多くの人が，介護や子育てを疲れさせるのはコンパッションだと思っています。そのため，この現象はしばしば「コンパッションによる疲労」compassion fatigue と呼ばれます。しかしこの呼び名は誤解を招くとして，「共感疲労」empathy fatigue という名前の方が適している[99] という研究者もいます。

　共感とコンパッションとの違いは何でしょうか？　Carl Rogers によれば共感の定義とは「内面から見た（クライアントの）世界を正確に理解すること。クライアントの個人的な世界をあたかもあなた自身の世界のように感じること」[100] です。自分をサポートする感情のリソースのないままで他者の苦しみに共鳴する resonate と，疲れ果ててしまいます。コンパッションには必然的に優しさとケアの要素があり，これが苦しみの渦中にいる人の苦しみに対抗することなく，包み込んでくれるのです。共感は「あなたの気持ちがわかるよ」と言うのに対し，コンパッションは「あなたを抱きしめてあげるよ」と言います。コンパッションはポジティブで，エネルギーとなる感情です。ある研究では，参加者たちを，コンパッションを経験する群と，共感を経験する群に分け，数日間トレーニングし，その後に，他者の苦しみを描いたビデオを見せました[101]。その映像を見て活性化された脳内ネットワークは両群間で大きく異なり，コンパッションのトレーニングを受けた人のみにポジティブ感情に関係する脳内ネットワークの活性化が見られました。

> 共感は「あなたの気持ちがわかるよ」と言うのに対し，コンパッションは「あなたを抱きしめるよ」と言って，ポジティブ感情を生み出します。

　共感することで痛みを感じたら，ケアをしている相手だけでなく，**自分自身にコンパッションを向ける**ことが大切です。飛行機に乗る時，機内の酸素レベルが下がったら，他者を助ける前に自分がまず酸素マスクをつけるように言われますよね。介護や子育てにおいては，他者の求め**だけ**に応じるべきだと信じ込み，十分なケアをしていないと考えてしまうので自己批判しやすい人もいます。しかし自分の感情に必要なことをセルフ・コンパッションで満たせなければ，自分を枯渇させ他者に与えることはできなくなります。

　大切なことは，ケアする人の心が落ち着いて穏やかになれば，ケアされる人も同じように共感的に共鳴しながら，同じように落ち着いて穏やかになるということです。つまり，ケアする人自身の内面が穏やかになれば，その人にケアされる人も穏やかになるということです。

　私たち自身，介護や子育てにおいてセルフ・コンパッションが大切であることを直接経験し

ました。そしてこの学びから，本書の著者のひとりは自閉症を持つ子どもの親として，そしてもうひとりはセラピストとして，バーンアウトせずに役目を果たすことができたのです。

　私（クリスティン）はある日，息子のローワンと太平洋を横断する飛行機に乗っていました。乗客が寝られるように客席の照明が暗くなったときに，ローワンはなぜか感情を抑えられなくなりました。叫びまくり，かんしゃくを爆発させたのです。彼は当時5歳くらいだったでしょうか。乗客は皆，私たちをじっと見ているような感じだったことを覚えています。あの子は何かおかしいんじゃないか？　5歳にしては幼い行動なんじゃないか？　母親もおかしいんじゃないか？　子どもをコントロールできないのか？　どうすればいいかわからなかった私はローワンをトイレに連れて行って，そこで思う存分叫ばせれば落ち着くんじゃないかと思ったのです。でも運悪く，空いているトイレはありませんでした。

　そこで，トイレのすぐ外の小さなスペースに一緒に座ることにしました。自分にコンパッションを向けるしかないとわかっていたからです。自分のためにコンパッションに満ちた息を吸い込み，手を胸に当て，静かに自分をサポートしてあげました。「これ，辛い状況だよね。こうなっちゃってホントにゴメン。でも大丈夫。過ぎ去るから」。ローワンには何も起きていないとわかっていましたが，私の注意の95％は自分をなだめ落ち着かせることに向いていました。するとローワンによく見られたことが自分にも起きているのに気づきました。自分が落ち着くにつれ，彼も落ち着きを取り戻したのです。その瞬間にわかったことがあります。それは自分がセルフ・コンパッションを忘れてイライラすればするほど，ローワンもイライラしてしまうことであり，また自分がその状況で感じる辛さにセルフ・コンパッションを向ければ，ローワンも心穏やかになるということです。私がローワンに共感的に共鳴したのと同じように，ローワンも私の感情に共感的に共鳴したのです。さらに，自分の押しつぶされそうな気持ちにまずは注意を向けることで，ローワンの側に十分にいるための，そして，問題がありつつも無条件に彼を愛し，サポートするための安定さを手に入れることができました。セルフ・コンパッションを実践することとは，今まさに苦しんでいるときであっても愛することのできる状態になり，現在とつながることなのですが，私はこれがローワンと自分を助ける上で最も有効な手段のひとつだとすぐにわかったのです。

　私（クリス）は自分の予定が目一杯だったにもかかわらず，患者に会うことに同意したことがあります。患者のフランコが入ってきたとき，電話の声よりもっと落ち込んでいるように見えました。背中は小さくなり，顔はやつれたようでした。フランコは面接が始まるとすぐに，自分の枕元に手持ちの薬を全部並べて，いつでも人生を終えられると考えたら安心したと話しました。最近，奥さんが出て行き，仕事はないも同然で，この日の朝に大家から立ち退きを通知されたのでした。

　フランコが新患で来訪したとき，私が最初に感じたのは好奇心とコンパッションだけでした。しかし彼が自殺を口にした時，恐怖心が身体中を駆け巡り，フランコに会うことに同意し

なければよかったと後悔しました。フランコが厳しい状況にあることを知ると，彼が自分自身を傷つけるのではないかという恐怖が増すばかりでした。

　それでも私は，感情の純粋なつながりが暗闇にいる人の命綱となり得ることを知っていましたので，この恐怖心にもかかわらず，フランコとのつながりを保たねばいけないと気づきました。そこで自分のために長く息を吸い，これは心理士としての仕事の一部だと自分に言い聞かせ，フランコのためにゆっくり息を吐きました。この呼吸を何度も繰り返し，フランコの話をオープンな心で，恐怖をあまり感じずに聴くようにしました。そしてフランコの人生の責任を取ることはできないけれど，セラピストとして全力を尽くすんだ，と自分に言い聞かせました。こんな呼吸をしながら，自ら状況をコントロールする能力の限界を自分なりに理解しつつも，フランコから伝わる失望感を巻き込まれることなく自分の身体で感じることができました。フランコの状況に対して私自身がどんなに動揺したのかを話したら，彼は少し穏やかになり，この危機を生きて切り抜けるべく勇気を持って行ってきたことをすべて話してくれました。そしてフランコが面接室を出ていったとき，私も彼も希望の光を持つことができたのです。

 エクササイズ

介護や子育てのストレスを減らす

　あなたが介護や子育てをしているのなら，やることが手一杯にならないように賢く行動を選択することが大切です。ストレスをゼロにすることは不可能ですが，減らすことはできます。以下にあげた日常生活の各領域で，介護や子育てのストレスの対処に現在役に立っている行動と，ストレスの増加につながる役に立たない行動を具体的に挙げてください。そして介護や子育てにおいて，自分のケアをより良くできるようになるために変えられることは何か，あなたの考えを書いてください。

- **身体的な行動**（例：食生活，運動，睡眠）
　　役に立っている行動：＿＿＿＿＿＿＿＿＿＿＿＿＿＿＿＿＿＿＿＿＿＿＿＿
　　役に立たない行動：＿＿＿＿＿＿＿＿＿＿＿＿＿＿＿＿＿＿＿＿＿＿＿＿＿
　　変えられること：＿＿＿＿＿＿＿＿＿＿＿＿＿＿＿＿＿＿＿＿＿＿＿＿＿＿

- **心理的な行動**（例：心理療法，本，音楽）
　　役に立っている行動：＿＿＿＿＿＿＿＿＿＿＿＿＿＿＿＿＿＿＿＿＿＿＿＿
　　役に立たない行動：＿＿＿＿＿＿＿＿＿＿＿＿＿＿＿＿＿＿＿＿＿＿＿＿＿
　　変えられること：＿＿＿＿＿＿＿＿＿＿＿＿＿＿＿＿＿＿＿＿＿＿＿＿＿＿

- **人間関係**（例：家族，友人，恋人）
  役に立っている行動：＿＿＿＿＿＿＿＿＿＿＿＿＿＿＿＿＿＿＿＿＿＿＿
  役に立たない行動：＿＿＿＿＿＿＿＿＿＿＿＿＿＿＿＿＿＿＿＿＿＿＿＿
  変えられること：＿＿＿＿＿＿＿＿＿＿＿＿＿＿＿＿＿＿＿＿＿＿＿＿＿

- **仕事**（例：週あたりの仕事の時間，仕事でモニターを見ている時間，休憩）
  役に立っている行動：＿＿＿＿＿＿＿＿＿＿＿＿＿＿＿＿＿＿＿＿＿＿＿
  役に立たない行動：＿＿＿＿＿＿＿＿＿＿＿＿＿＿＿＿＿＿＿＿＿＿＿＿
  変えられること：＿＿＿＿＿＿＿＿＿＿＿＿＿＿＿＿＿＿＿＿＿＿＿＿＿

インフォーマルな実践
平静を保つコンパッション

　この実践は，"コンパッションを与えて受け取る"と，平静を保つ実践（もしくは困難な中でバランスを保つ実践）とを組み合わせたものです。平静を保つ実践は，介護や子育てでは特に大切なことです。なぜならこうした状況では自分のできることは限られ，コンパッションが生まれるように視野を広げることを求められるからです。難しい人間関係のすべてに応用できる実践ですが，介護や子育てでは特に効果的でしょう（このガイド実践の音源ファイルはインターネットサイトにあります。p.208～209 をご覧ください［訳注：英語版のみ］）。

> 介護や子育てをしながら，自分のやりたいことを同時にできますか？
> 自分自身を和らげ，なだめ，守り，養うことができますか？

- 心地よい姿勢になり，数回深呼吸し，自分の身体を今この瞬間に置きます。手を胸か，身体のどこか安心できる場所に置きます。この手は，今の自分の経験，そして自分自身に対しての感情的な気づきのサインになります。

- 世話したり面倒をみたりするときに，疲れやイライラを感じる人を思い浮かべます。その人は，あなたにとって大切な，苦しんでいる人です。この入門エクササイズでは，自分の子どものことは選ばないでください。子どもとのことは複雑で強力だからです。今，思い浮かべた人のことを視覚でイメージし，その人の世話をしている状況を心の中にはっきりと思い浮かべ，身体で辛さを感じていきます。

- それでは下の言葉を読み，心の中で優しく広げていきます。

> 私たち一人一人，自分の人生を生きている。
> 自分はこの人の苦しみの原因ではないし，
> その苦しみを取り除きたいと思っても，
> 自分の力でできることでもない。
> こういうときは耐えがたいけれども，
> できると思ったら，またやってみればいい。

　身体で感じているストレスに気づきながら，息を深く吸って，コンパッションを身体に行きわたらせます。身体のあらゆる細胞をコンパッションで満たしていきます。息を深く吸って，自分に必要なコンパッションを与え，自分をなだめていきます。

- 息を吐いて，イヤだと思っている人へ，コンパッションを送ります。
- コンパッションの呼吸を続け，身体で自然な呼吸のリズムを見つけます。身体に呼吸を委ねていきます。
- 「自分のために息ひとつ，あなたのために息ひとつ」，「自分に吸って，あなたに吐く」
- ストレスを感じているかどうか，自分の心の中をときどき観察してみます。自分のためにコンパッションの息を吸って，相手のためにコンパッションの息を吐いていきます。
- いつもよりコンパッションを必要としている人がいると気づいたら，その方向に注意を向けて，さらに呼吸をしていきます。
- コンパッションの海に身を委ねます。そこは限界も境界線もなく，あらゆる苦しみを包み込む海です。
- そして先ほどの言葉をもう一度繰り返します。

> 私たち一人一人，自分の人生を生きている。
> 自分はこの人の苦しみの原因ではないし，
> その苦しみを取り除きたいと思っても，
> 自分の力でできることでもない。
> こういうときは耐えがたいけれども，
> できると思ったら，またやってみればいい。

- それでは実践を終え，今のこの瞬間のありのままの自分を受け入れます。
- ゆっくりと目を開けていきます。

振り返り

　この実践を行っている間，どんなことに気づいたり，感じたりしましたか？　平静を保つ言葉を言ったとき，何か内面での変化はありましたか？　コンパッションの「流れ」を自分の内側へ，もしくは外側へと，必要に応じて変えることはできましたか？

　息を「自分のために吸い，あなたのために吐く」ことで，介護や子育てのときでも自分自身へのコンパッションを忘れないようにすることができます。平静を保つ実践と一緒に行うことで，信じられないほど簡単に，相手とのつながりを保ちつつも，感情的なもつれを解くことができます。世話する相手が苦しむのは自分のせいだと感じ過ぎる人にとっては，平静を保つ言葉を使うと，特に安堵感を得ることができます。私たちが他者の役に立つのには限界があるのです。身体は異なり，人生も異なるのですから。私たちができるのは，ベストを尽くすことだけです。しかしコンパッションを経験する能力にはあまり限界がありません。自分自身へコンパッションを向けても，他者から取り上げることにはなりませんし，それどころか自分の能力を高めることができるのです。

　平静を保つ実践は，親，とりわけ幼い子どもを持つ親にとってはやりにくいものです。しかし子どもの人生とは自分とは異なる独自のものであり，その歩みも違うことが親にはわかるのです。ある MSC のクラスで，赤ちゃんを母乳で育てている母親が，自分のために息を吸ったときに，吐き気がしたと言いました。娘の命そのものを奪ってしまうように感じたからです。するとすぐに，他の女性の参加者がこう言いました。「あのね，私にはもう家を出ていった子どもが 4 人いるけど，自分のためどころか，4 人全員のためにも息を吸ったわよ！」と。

第20章
セルフ・コンパッションと人間関係での怒り

　人間関係でのもうひとつの苦しみは**断絶** *disconnection* です。これは人間関係で何かが失われたり，亀裂が生まれたりしたときにはいつでも起こります。怒りは断絶のときの一般的な反応です。拒絶されたり，無視されたりしたと感じたときに怒りを感じると思いますが，それは誰かが亡くなるなど避けられない断絶でも感じるものでしょう。理にかなった反応ではないかもしれませんが，起こり得ます。人間関係が断絶すると怒りは本当によく起こり，場合によっては人間関係が終わってから何年も続くことがあります。

　怒りはあまりよくは思われませんが，必ずしも悪い感情ではありません。他のあらゆる感情と同様に，怒りにもポジティブな機能があります[102]。例えば怒りは，誰かが自分との境界線を越えたり，自分を傷つけたりしたことを知らせます。そして何かを変える必要があることを強く示します。さらに脅威にさらされたときに自分を危機から守ろうとする力や，決意を生じさせたり，危険な行動を止めさせたり，有害な人間関係を終わらせたりするのです。

　怒りそのものが問題というわけではない一方で，私たちは怒りと不健康な関係になりやすいものです。例えば，怒りを感じずに抑圧することがよくあります（これは，「優しくいるように」，つまり怒らないことを教え込まれた女性に特に当てはまります）。怒りを奥底に抑圧すると，不安が生じたり，感情の締めつけや麻痺を起こしたりすることがあります[103]。自分に対する怒りから厳しい自己批判が起こり，抑うつを引き起こす大きな原因になることがあります[104]。そして「誰が誰に何をして，どんな仕返しをすべきか」という怒りの反すうから抜けられなくなったら，心が常にイライラした状態になり，突然わけもなく他者に怒りをぶつけてしまう[105]かもしれません。

> 怒りは健康な感情ですが，人間と怒りとの関係は不健康になりがちです。

　ネイトはシカゴで電気技師をしていました。元妻のライラとは5年以上前に離婚したのですが，ネイトは彼女のことを考えるたびに強い怒りを感じていました。ライラが共通の親しい友達と浮気していて，一緒に会うこともありましたが，この浮気がネイトの知らないところで1年以上続いていたことがわかったのです。ネイトはそのことを知るとすぐに

はらわたが煮えくりかえるように感じました。悪態こそなんとか我慢してきましたが，何が起きたかを考えるたびに胃がムカムカしました。幸いに2人には子どもがいなかったので，ネイトはすぐに離婚手続きをしました。手続きは比較的早く簡単に進みました。ライラとはその後何年も連絡を取っていなかったのですが，ネイトの感じている怒りは収まることがありませんでした。そして浮気されたというトラウマから，人を信じるのが難しくなり，新しい人間関係を築くこともできませんでした。

　怒りを感じる相手から自分を守ろうとして感情を感じないようにしていると，時間が経つにつれて**敵意**や**恨み**といった感情が出てくるかもしれません。怒り，敵意，恨みは「激しい感情」"hard feelings" です[106]。激しい感情を変えるのは困難で，感情の意味がなくなったあとも長い間続くことがあります（もう会うことはないと思っている人なのに，まだ怒りを感じるという相手はいませんか？）。さらに，慢性化した怒りは慢性的なストレスの原因となり[107]，心臓血管系，内分泌系，神経系，生殖器系など身体のあらゆる器官に悪影響を及ぼします。「怒りは血管をむしばむ」，「怒りは他人を殺すために自分が飲む毒である」という言葉もあります。怒りが人間にとって役に立たないのなら，私たちのできる最もコンパッションのあることとは，特にマインドフルネスとセルフ・コンパッションのリソースを利用して，怒りとの関係を変えることです。

　いったいどうやるのでしょうか？　最初に，怒りという激しい感情の裏に隠れた**やわらかい感情** *soft feelings* を特定するのです。怒りは傷ついた，怖い，愛されていないように感じる，孤独だ，傷つきやすいなど，よりやわらかく繊細な感情を守っていることがよくあります。怒りの外層を取り除き，内側に隠れたものを見ると，感情の豊かさや複雑さに驚かされると思います。激しい感情は防御的で外面的なので，直接取り扱うのは難しいものです。しかしやわらかい感情を特定すると方向が内面に変わり，形が変わり始めます。

　しかし本当の意味で癒えるには，怒りの外層をさらに取り除き，やわらかい感情の元となる**満たされないニーズ** *unmet needs* とは何かを特定する必要があります。満たされないニーズとは世界中で共通のものです[108]。つまりあらゆる人間にとって中核となる経験です。非暴力コミュニケーションセンター The Center for Nonviolent Communication では，人間のニーズについての包括的な一覧を提供しています（www.cnvc.org/training/needs-inventory）。例えば安心感，つながりを感じたこと，認められたこと，話を聞いてもらえたこと，仲間に入れてもらえたこと，自立したこと，尊重されたこと，などです。そして，人間としての一番深いニーズとは愛されることです。

　本当の感情やニーズと向き合い，触れ合う勇気を持つことで，自分に本当は何が起きているのかという洞察を身につけることができます。ひとたび苦しさと向き合い，セルフ・コンパッションで対応すると，深いレベルで事態が変わり始めます。セルフ・コンパッションを用いることで，自分のニーズを直接満たすことができるのです。

第20章　セルフ・コンパッションと人間関係での怒り　157

　第18章で説明した通り，満たされないニーズへの対処法としてセルフ・コンパッションを
用いるということは，何年も他者から受け取りたいと切望してきたことを，自分自身に与え始
めるということです。自分自身がサポートとなり，尊敬され，愛情を受け，承認され，安心感
を得るリソースになり得るのです。もちろん人間関係や人とのつながりも必要です。人間はロ
ボットではないのですから。しかし理由が何であれ，他者が私たちのニーズを満たせないとき
や，そのプロセスで自分が傷ついたとき，その傷とやわらかい感情をコンパッションで包み込
むことで回復でき，心に空いた穴を慈悲深くふさぐことができます。

　　ネイトは怒りが自分の妨げになっていると気づき，その形を変えようと努力しました。
枕をパンチしたり，声を限りに叫んだりしてカタルシスを得ようとしましたが，効果はあ
りませんでした。MSCコースがストレスを減らすのに効果があると友達が熱心に勧めてき
たこともあり，やっと参加を決めました。

　　MSCコースの中で，自分の満たされないニーズを満たすことで怒りを変容させることを
取り上げるセッションで，ネイトは緊張したのですが，それでも試してみました。怒りと，
その裏に隠れた苦しみに触れるのは簡単で，身体で感じることもできました。難しかった
のは，満たされないニーズを特定することでした。裏切られたとか愛されていない，と感
じていたのは確かでしたが，何が自分の邪魔をしているのかをなかなか理解できませんで
した。それでもエクササイズを何度も試し，満たされないニーズが何なのかをやっとわかっ
たとき，彼の身体がリラックスしました。満たされないニーズとは，自分が尊敬されるこ
とだったのです！
　　ネイトは働き者の労働者の家庭で育ち，彼の両親は結婚から30年たった今でも幸せな結
婚生活を送っていました。そんな姿を見ていた彼は，できる限り，結婚生活で正しいこと
をしようと真剣に誓っていたのです。誠実さと尊敬がネイトの中心的な価値観となってい
ました。自分にとって必要な尊敬される経験をライラから得ることはなく，もう遅すぎる
と理解していたため，思い切って自分自身で自分を尊重することにしました。「僕はあなた
のことを尊敬しているよ」と自分に言いました。最初はばかばかしく，空虚感やむなしさ
を感じていたので，いったんはやめ，その言葉が真実であるかのように言おうとしてみま
した。上級電気技師の資格を取得し自分の仕事を始めるためにどれだけの犠牲を払ったか，
ローンの支払いと貯金のためにどれだけの時間を費やしたかを考えました。依然としてた
だの言葉のように聞こえましたが，「尊敬している」と何度も何度も繰り返し続けました。
そしてライラにとっては十分でなかったかもしれませんが，自分が結婚生活でどれだけ正
直に一生懸命働いたかを考えました。すると，非常にゆっくりではありましたが，その言
葉が自分に染み入り出したのでした。最後に，胸に手を置き，心から意味しているように，
「僕はあなたを尊敬してる」と言いました。すると心からそれを信じることができ，涙が
出てきました。ひとたび心から信じられると，ライラに対する怒りがだんだんと溶けはじ

> めました。そしてライラの満たされなかったニーズも理解できました。彼女はネイトとは異なり，親密さと愛情を求めていたのです。ライラのしたことが許されるわけではありませんが，彼女の行動は，ネイトの人間としての価値とはまったく関係ないことに気づきました。ネイトにとって必要だった尊敬とは，いくら頼れる誠実な人でも満たせずに，彼自身から生まれなければならなかったのです。

 エクササイズ

満たされないニーズを満たす

　このインフォーマルなエクササイズの目的は，長年にわたる恨みにマインドフルネスをもたらし，根底にある満たされないニーズにセルフ・コンパッションで応えることです。このエクササイズの目的はあなたが怒りを感じている長年の苦しみと**新しい関係**を築くことであり，苦しみや人間関係そのものを癒すものではありません。

　人間関係の感情が強すぎるとエクササイズを終えることが困難になりますので，トラウマ的な人間関係ではなく，中程度の困難さの人間関係を選んでください。また，感情的に弱っていると感じたらこのエクササイズは飛ばしてください。あるいはエクササイズを始めた後に辛く感じたら，このエクササイズは途中でやめてください。

- 下のスペースに，あなたがまだ敵意や怒りを感じている過去の関係について書いてみてください。次にその人との関係でそれなりに怒りを感じた**具体的な出来事**を思い出してみます。10段階の3くらいの出来事にしておきます。心を傷つけるようなトラウマ的な経験は選ばないようにしてください。

    ☞ このエクササイズで重要なことは，怒ることに**既に意味がなく，怒りを手放す準備ができている，すでに終わった人間関係**を選ぶことです。少し時間を取って，取り組むのにぴったりな人間関係や出来事を考えてみます。

    _____
    _____
    _____
    _____
    _____
    _____

☞ このエクササイズを行っている間は，自分の経験の居場所を広く取るように心がけてください。出来事の内容に巻き込まれずに何が起きているかにマインドフルになります。エクササイズをやめた方がいいと感じたら，是非そうしてください。自分を大切にしていきます。

▪ 目を閉じて，心の中でその出来事を思い浮かべます。出来事の詳細をできるだけ鮮明に思い出してください。怒りの感情を思い出し，身体で感じてみます。
▪ あなたが怒りを感じるのは自然なことです。自分自身に「怒っても大丈夫……傷ついたのだから！」，「それは傷ついたことに対する人間として自然な反応だよ」，「ひとりじゃないよ。たくさんの人が同じように感じるはず」と言ってもいいでしょう。
▪ 怒りの経験を**十分に** *fully* **認めていきます** *validate*。話の善悪に巻き込まれないようにします。
▪ もっと怒りを認めることが必要だと感じたのでしたら，無理に先に進む必要はありません。そのときは残りの指示を飛ばしてしてください。ただし，あなたの怒りは自然なものだということは忘れないでください。そして何年もの間，あなたの抱えた苦しみに対して自分自身に優しくしてください。

- やわらかい感情
  ▪ 先に進んでも大丈夫だと感じたら，怒りや恨みという激しい感情を取り除き，その下にあるものを見てみます。
  激しい感情の背後に何かやわらかい感情はありますか？
  　◇痛み？恐れ？孤独？悲しみ？グリーフ（喪失感）？
  ▪ やわらかい感情を特定できたら，その感情に「ああ，それは悲しみだね」，「それは恐れだよ」と大切な友達をサポートするように優しく，思いやりのある声で名前をつけてみます。
  ▪ 繰り返しますが，必要に応じて，ここに留まっても大丈夫です。あなたにとって何が正しいと感じますか？

- 満たされないニーズ
  ▪ 先に進んでも大丈夫だと感じたら，ほんの少しの間でいいので，その人や傷ついた出来事を手放すことができるかどうか考えてみます。善悪についての考えがあるかもしれません。ちょっとそれらの考えを脇に置いておくことができるかどうか考えてみます。自分自身にこう問いかけてみましょう……。
  「私の満たされない基本的ニーズはなにかありますか？　あるいは，あのときにそうしたニーズは何かありましたか？」そのニーズとは……。
  　◇見てほしい？聞いてほしい？安全？つながり？尊敬？特別な存在として見てほしい？

愛されたい？

- ▪ 満たされないニーズとは何でしたか？
- ▪ もう一度，優しく思いやりのある声でニーズは何かを示してみます。

- ● コンパッションとともに応える
  - ▪ これから先に進みたいのでしたら，安心を感じられる方法で身体に触れ，自身に温かさと優しさを送ります。身体に触れるのは感情を追いやるためではなく，感情が生じているからというだけです。
  - ▪ 外に伸びているその手は，他者からケアやサポートを受けたいと願っていますが，あなたに必要なケアやサポートをあなたに与える手となります。
  - ▪ あなたのニーズを他の人に満たしてほしいと望んだとしても，彼らはさまざまな理由でそうすることはできませんでした。しかし，私たちには別のリソース，つまり自分自身がいます。あなたのニーズをより直接的に満たすことができるでしょう。
    - ◇ 見て欲しいのなら，「あなたを見ているよ」，「私は気にかけているよ」と，自分に語りかけます。
    - ◇ つながりたいと感じているのなら，「あなたのためにここにいるよ」，「ひとりじゃないよ」と，自分に語りかけます。
    - ◇ 愛されたいと感じているのなら，「愛しているよ」，「あなたは私にとって大切だ」と，自分に語りかけます。
      つまり，おそらくはとても長い間，あなたが他者から受け取りたいと願っていたことを，今，自分に与えることができますか？
  - ▪ それらの言葉を受け取れるかどうか考えてみます。他の人があなたのニーズを満たすことができなかったことにがっかりするかもしれません。しかし，今この瞬間，あなた自身であなたのニーズの少なくともいくつかを満たせそうですか？
  - ▪ 自身のニーズを満たすことが難しければ，最も大切なニーズが満たされないときに人間の苦しみに対してコンパッションを向けることはできますか？

- ● それではエクササイズを手放し，今の経験の中で身体を休め，この瞬間のあるがまま，あなた自身のあるがままでいます。

振り返り

怒りを認めることはどうでしたか？　怒りの背後にあるやわらかい感情を見つけることはできましたか？　満たされないニーズは見つかりましたか？　満たされないニーズ

にセルフ・コンパッションを持ち，そのニーズを直接満たすことはできましたか？

あなたが正しいと感じる範囲でこの実践を行えていれば，それで十分です。過去の苦しみに対する怒りの感情とつながった後で，やわらかい感情や背後にあるニーズを明らかにするための外層を取り除く準備ができていないと感じた人もいるかもしれません。この場合，最もセルフ・コンパッションのある対応は，怒りを認めて，そこで実践をやめることです。また，やわらかな感情と怒りの背後にある満たされないニーズを特定できたけれども，自身のニーズを直接満たそうとしたら，「でもニーズを満たすことを望んでいない。そのままでいたい」という声が聞こえる人もいるかもしれません。これは多くの場合，認められない苦しみの感情が存在することを意味します。あるいは，単に謝罪してほしいという自然な願いがそう言っているのかもしれません。しかしその願いが叶う日までは，あなたの持つ切実なニーズを自分自身に与えられるかどうかについて，しばらく時間をかけて，考えてみてください。

エクササイズ

猛烈なコンパッション

怒ることで自分や他者の苦しみを和らげ，正しいことを目指して立ち向かおうとするとき，それは「猛烈なコンパッション」"fierce compassion"と呼べるでしょう。マーティン・ルーサー・キング・ジュニアなど偉大な歴史的人物の中には，世界中からの尊敬とコンパッションを絶やすことなく，不正に対する怒りを原動力にして社会変革を引き起こした人がいます。つまりコンパッションを持ったとしても弱く受動的になるわけではなく，物事の善し悪しを見分ける能力が奪われるわけでもないということです。

コンパッションがあることで，何が起きているのかをはっきりと見極め，人々の行動の背景にある複雑な理由を理解できるようになります。そしてコンパッションによって人々を「良い」，「悪い」のカテゴリーに分類することなく，有害な行動を止めるために適切な行動をとることができるのです。

この意味では，猛烈なコンパッションとは怒りに任せて行動することとは逆で，悪い状況を非難や憎悪でさらに悪くせずに，不正に立ち向かうことが可能になります。

- 2，3回深呼吸して目を閉じます。姿勢を整え，身体の軸をまっすぐにします。サポートと自分への優しさを示すために，胸か，他の安心を感じられる場所に手を置き，スージング・タッチを行ってみます。

- あなたの賛同できない**社会的状況や政治的状況**について考えてください。そのことに対してただ怒るのではなく，猛烈なコンパッションのある視点で向き合ったら，どのようなことを考え，感じるかを想像してみます。誰かを悪者扱いすることなく，その状況を説明できますか？　その状況によって起きた有害なことと変化の必要性を認識しながらも，その状況を作った人も人間であり，彼らなりに最善を尽くしていると理解できますか？

- 猛烈なコンパッションから見て，状況を変えるために何か取りたい**行動**はありますか？

- あなたの賛同できない**個人的な生活**について考えてください。誰か知っている人，例えばパートナー，子ども，家族，同僚によって作り出された状況です。これも同じようにその状況に対してただ怒るのではなく，猛烈なコンパッションのある視点で向き合ったら，どのようなことを考え，感じるか想像してみます。誰かを悪者扱いすることなく，その状況を説明できますか？　この状況によって起きた有害なことと変化の必要性を認識しながらも，この状況を作った人も人間であり，彼らなりに最善を尽くしていると理解できますか？

第 20 章　セルフ・コンパッションと人間関係での怒り　163

● 猛烈なコンパッションから見て，状況を変えるために何か取りたい**行動**はありますか？

振り返り

　多くの人が猛烈なコンパッションという考え方を解放的で自由だと感じます。怒りや非難の落とし穴にはまらずに行動を起こし，変化の動機づけを得ることができます。このことは追い求めるべき理想である一方で，怒りという感情が自然な反応であり，いつも同じ行動パターンに陥る自分に気づくことでしょう。こうなったら，他者に怒ることに対して自分に怒る必要はありません！　そのかわり，自分の人間性にコンパッションを持ち，慈悲の軸を見つけ，現在とつながりつつ，もう一度試してみてください。

第21章

セルフ・コンパッションと許し

　誰かに傷つけられ，怒りや敵意をずっと感じているとき，最もコンパッションのある行動とは許すことです。許しとは私たちを傷つけた人への怒りを手放すことを意味します。しかし，手放す前に悲嘆すること grieving を伴います[109]。許しを実践する上での重要なポイントは，他者を許すには自分の経験した傷に対してオープンに向き合うことです。また**自分自身**を許すには，他者を傷つけたことに対する苦しみ，自責感，罪悪感に向き合わねばなりません。

> 許しとは，他者や自分の起こした苦しみに正直に向き合えるかどうかにかかっています。

　許すことはひどい行動を見逃すことでも，有害な人間関係を維持することでもありません。人間関係で傷ついているのなら，許す前に自分を守る必要があります。そして自分が誰かを傷つけている場合は，許しを言い訳にひどい行動をしていたのでは，自分を許すことはできません。まずはその行動を止め，自分が起こした苦しみを認識し，その責任を取らなければならないのです。

　同時に，この傷とは，さまざまな原因と状況の長い間の相互作用の結果，生まれたものだと覚えておくといいでしょう。私たちの気質には，両親や祖父母から受け継がれた部分があり，行動は子ども時代の生活歴，文化，健康状態，現在の出来事等によって形成されます。したがって，自分の言動を一瞬一瞬，完全にコントロールすることはできないのです。

　するつもりがなくても生活のなかで苦しみを与えることもありますし，それでも傷つけたことを申し訳なく思うかもしれません。例えば，家族や友達を残して引っ越して新しく人生を始めるとき，年老いた両親に仕事の都合上，彼らの必要とするほどには注意を向けられなかったといった状況です。こういった苦しみは誰の責任でもありませんが，それでも認識し，セルフ・コンパッションで癒すことができます。

　許すために必要なことは，共通の人間性について鋭敏に気づいていることです。人間は誰でも不完全であり，人間の行動は周囲のさまざまな状況の複雑な相互作用の結果なのです。つまり，自分の過ちについて，個人のせいだとはあまり考えなくていいのです。矛盾しているように感じるかもしれませんが，このように理解できると，感情的な安心感が高まり，より責任あ

る行動をとれるようになります。ある研究で
は，研究参加者に，例えば試験でカンニング
をした，恋愛中のパートナーに嘘をついた，
他人を傷つけるようなことを言ったなど，そ
のことを考えるとまだ罪悪感があるなどいい

> 私たちは生まれつき不完全な人間であ
> り，自分にそんなに容赦なく接する必要
> はありません。

気分にならないようなことを思い出してもらいました[110]。すると，自分のしたことに対して
セルフ・コンパッションを向けられるようになった群は，そうでない群に比べて生じた傷を謝
ろうとする動機が高く，同じ行動を繰り返さないように気をつける傾向にあるという結果が示
されました。

> アネカは同僚で友達のヒルデ に「役立たず！」と怒りをぶつけた自分を許せずにいまし
> た。アネカはある夕食の席で，新しいクライアントとの契約を取り付けなければいけない
> という大きなプレッシャーがありました。とても保守的なクライアントだったので，アネ
> カは時間に遅れないようにし，身なりもきちんと整えなければ，クライアントの信頼は得
> られないとわかっていました。その日はヒルデがアネカを迎えに来て，一緒に夕食に行く
> 予定だったのですが，約束した時間にヒルデは来ませんでした。とても焦ったアネカはヒ
> ルデに電話し，「いったいどこにいるの？」と電話したのですが，ヒルデはすっかりその約
> 束のことを忘れていて，「あぁ，ごめんね」と力なく謝りました。アネカは激昂して，いく
> つか不快な言葉を放って電話を切り，タクシーを呼びました。しかし電話を切ってすぐに，
> アネカは申し訳ないことをしてしまったと感じました。ヒルデは同僚である以上に友達だっ
> たのですから！　しかも，彼女はわざと迎えに来なかったわけではありません。ただ忘れ
> てしまっただけなのです。そしてアネカ自身も忙しくて，ヒルデに確認を取る時間があり
> ませんでした。アネカは契約を成立させないといけないという不安でいっぱいになり，混
> 乱し過剰な反応をしてしまったのでした。

許しには5つのステップがあります：

1. **苦しみにオープンになる** *Opening to Pain* −起きたことの苦痛とともにある
2. **セルフ・コンパッションを実践する** *Self-Compassion* −原因が何であっても，痛みに
   対する思いやりで心を溶かしていく
3. **賢明になる** *Wisdom* −状況が完全に個人的なことではなく，多くの相互的な原因と状
   況の結果だったと徐々に認識していく
4. **許そうとしてみる** *Intention to Forgive* −「意図的であったとしてもそうでなかった
   としても，他者（もしくは自分）の痛みの原因となったことをやった自分（もしくは
   他者）を許せますように」
5. **守る責任を果たす** *Responsibility to Protect* −可能な限り，自分が同じようなミスを

繰り返さないように注意し，傷つきをなるべく避けるようにする

最初，アネカは自分の行動で自分を非常に厳しく責めていましたが，そうしても誰も得にならないとわかっていました。代わりにすべきだったのは，ミスをした自分を許すことだったのです。誰だってミスをするものですから。

アネカは，MSC コースで許しの 5 つのステップを学んでいたので，何をすべきかわかっていました。まず自分がヒルデに与えた苦しみを受け入れる必要がありました。これは契約を取り付けられなかった彼女にとって，特に難しいことでした。アネカの心はヒルデを責めたいと思っていたからです。契約を取れなかったのはヒルデのせいだ！と。でもアネカは真実をきちんとわかっていました。どんなことがあってもヒルデにあんな話し方をしていいわけはなく，あくまでアネカのミスだったからです。

そこでアネカは，友達と思っていた人からあんなひどい言葉を聞くのは，ヒルデにとってどれだけ辛かっただろうかと感じてみました。すでに罪悪感で一杯だったので勇気のいることでした。次に自分が大切にしていた人を傷つけた痛みにコンパッションを向けました。「誰だってミスはする。友達をこんなふうに傷つけたことは辛いよね。心から後悔しているよね」。このように自分にコンパッションを向けることで，視点が少し拡がり，自分自身にどれだけのストレスがかかっていたかを認識できました。そんな状況だから，自分でどうにもならなくなったのです。次に，自分のしたことを，ちょっとずつ許してみました。「自分が親友のヒルデに意図的でなくても与えてしまった痛みを許すことができますように」。さらに怒りを感じるときには，言葉を言う前に最低でも一度は深呼吸するように心掛けました。自分が怒りを感じているとすぐにはわからないこともあり，うまく実践するには時間がかかるだろうと思いましたが，それでもストレスのかかったときに感情的に反応しないようにしようと決めたのです。

次の 2 つの実践では，許しの 5 つのステップを通して，**他者の許し**と**自分の許し**を行っていきます。もう一度言いますが，許しにおいて最も重要なことは，他者から感じた苦しみや，自分が与えた苦しみにオープンになることです。私たちはもともと他者を傷つけた罪悪感と他者に傷つけられるかもしれないという思いという，アンビバレントな感情を持っていますので，実践のタイミングが重要になります。昔の言葉にもあるように，まず「より良い過去への思いを捨て去る」必要があるのです。

第 21 章　セルフ・コンパッションと許し

 インフォーマルな実践

他者を許す

- 2，3回深呼吸して目を閉じます。姿勢を整え，背筋をまっすぐにします。サポートと自分への優しさを示すために，胸か，他の安心を感じられる場所に手を置き，スージング・タッチを行います。

- それでは，自分を傷つけた人で，許す準備のできている人を**ひとり**思い浮かべてみます。その人との関係である程度傷ついた出来事を**ひとつ**，詳しく思い出してみます。10段階で3くらいの出来事にしておきます。怒りや非難を強く感じてしまうと自分が不必要なダメージを受けるので，本当に許せそうな人や出来事を選ぶことが大切です。時間を取って，以下のスペースに取り組みたい出来事を書いてみます。

_____
_____
_____
_____
_____
_____
_____
_____
_____
_____

☞ このエクササイズを行っている間は，自分の経験との距離を広く取るように心がけてください。好奇心をもってアプローチし，感情に巻き込まれずに，何が起きているかに気づいていきます。不快感が強くなりすぎたら，エクササイズをやめて，またできるようになったら戻ってください。

- 苦しみにオープンになる
  - 出来事の詳細をできるだけ鮮明に思い出してください。その人がいかに自分のことを傷つけたか思い出し，身体で感じてみます。
  - 痛みに触れれば十分です。押しつぶされるほどやる必要はありません。

- セルフ・コンパッションを実践する
  - 大切な友達に話すように苦しみを認めます。「もちろん，こんなふうに感じて当然だよ……傷ついたのだから！」，「辛いね！」。
  - 自分へコンパッションを与え続けます。胸か，他の場所に手を当て，手から身体へ優しさが流れ込んでいる感じです。あるいは自分にセルフ・コンパッションの言葉を言ってもかまいません。「安全でいられますように」，「強くいられますように」，「自分に優しくできますように」。
  - それでは，自分にこう問いかけます。「この人を許す準備はできていますか？」。もしまだであれば，引き続きコンパッションを向けてください。

- 賢明になる
  - **本当に**許す準備ができていれば，その人のひどい行動の理由を理解できるかどうか，考えてみます。人間だからミスをするものだと認識し，そのときに何かその人の行動の原因となる環境要因があったかどうか，今まで考えもしなかった自分やその人以外の要因があったかどうか，考えてみます。
  例えば，その人は当時大きなストレスを抱えていませんでしたか？　その人の性格の形成につながった要因（例えば経済的困窮，子ども時代の辛い体験，低い自尊心，文化的要因）はありましたか？　ほとんどの人は自分に可能な限りよい人生を送ろうとしているだけです。しかし，どんな要因があったとしても，あなたが傷ついたということに変わりはありません。

- 許そうとしてみる
  - それでは，許すことが正しいと感じられたときにのみ，その人に許しを与え始めます。こんな言葉を言ってみます。「意図的であったとしてもそうでなくても，あなたがやって私の苦しみとなったことを，徐々に許すことができますように」。2，3回繰り返してみます。

- 守る責任を果たす
  - 最後に，準備ができたら，自分自身としっかり約束をします。もうこのように傷つけられないように決意します。同じ人からでも他の人からでも，できる限り自分を守っていくのだと。

第21章 セルフ・コンパッションと許し

振り返り

自分の経験した苦しさと再びつながりを持つというのはどうでしたか？ 自分にコンパッションを与えることができましたか？ 何か抵抗感はありましたか？

相手のひどい行動を引き起こした要因で，今までに考えもしなかったことは何かわかりましたか？ 許しの言葉を使うのは，どんな感じでしたか？ 将来自分を守ってあげようという決意の気持ちに触れることはできましたか？

このエクササイズをしようとして，許す心の準備がまだできていないことに気づく人もいます。許したくない気持ちに気づくこと自体が，大切な学習体験なのです。あなたがそういう体験をしたなら，まだ心の準備ができていないということに抵抗せずに，許したくないという意図を尊重する言葉から，この許しの言葉を書いてみましょう。心が自由に感じられたら，許すことができたことを意味しています。しかし許すことが負担に感じるのなら，まだ許す準備ができていないのです。

インフォーマルな実践

自分を許す

- 2, 3回深呼吸して目を閉じます。姿勢を整え，背筋をまっすぐにします。サポートと自分への優しさを示すために，胸か，他の安心を感じられる場所に手を置き，スージング・タッチを行います。

- それでは，自分が傷つけた人のことを考えてみます。その人との関係で後悔していて，自分のことを許す準備ができていることを詳しく思い出してみます。前と同様に，10段階で3くらいの出来事にしておきます。時間をとって，取り組みたい出来事を考えてみます。

_____
_____
_____
_____
_____

_____

_____

_____

_____

_____

_____

- **辛さにオープンになる**
  - 少し時間をかけて，自分の行動がどのように他の人に影響を与えたかを考え，罪悪感や自責感が浮かぶのを感じます。他の人を傷つけたときには，こうした感情が浮かんで当然です。勇気がいることかもしれません。
  罪悪感とつながる身体感覚が感じられるかもしれません。そういう感覚のためのスペースを身体の中に作ります。
  （罪悪感より恥を強く感じる場合には，第17章の恥に向き合うエクササイズをもう一度繰り返すといいかもしれません）

- **セルフ・コンパッションを実践する**
  - 間違った行動をしたと感じたら，そういうミスをするのも人間の一部であり，罪悪感は人間の経験の一部であると認識していきます。
  - 自分の感じてきた苦しみにコンパッションを向けていきます。「自分に優しくいられますように。自分をありのままで受け入れられますように」と言ってもいいです。胸か，他の場所に手を当て，手から身体へ優しさが流れ込むようにしてもかまいません。
  - ここで少し時間を使いたいと感じたら，是非そうしてください。無理に先に進む必要はありません。

- **賢明になる**
  - 心の準備ができたら，どんな要因が自分のミスにつながったのかを理解しようとしてみます。少し時間をかけて，何か当時の行動の原因となるような環境要因はなかったかどうか，検討してみましょう。例えば，あなたは当時大きなストレスを抱えていませんでしたか？　あるいは，イライラする中で，あなたの性格の一部がミスの原因となったのでしょうか？　古傷に触られた感じがしたのかもしれません。自分自身と，その状況に対する個人的な解釈以上のことにも目を向けてください。
  - もしかしたらミスをしたわけではなく，当時の自分ができる限りの生き方をしていただけかもしれませんね？

第 21 章　セルフ・コンパッションと許し　171

- 許そうとしてみる
  - それでは，自分へ許しを与えられるかどうか，考えてみます。こんな言葉を言ってみます。「意図的であったとしてもそうでなくとも，私がやってその人の苦しみとなったことを，徐々に許すことができますように」。

- 守る責任を果たす
  - 最後に自分を許すことが正しいと感じられたら，自分に可能な限り，もうこのようなやり方で人を傷つけることはしないと決意します。

振り返り

　他者を許すのと自分を許すのとでは，どちらが簡単でしたか？　他者を傷つけたという苦しさに正直に向き合うことはできましたか？

　自分はコンパッションを受ける価値がないと感じたかもしれませんが，自分にコンパッションを向けることはできましたか？　自分の行動の背景となった要因を特定したら，許すことをやりやすくなりましたか？　許しの言葉を言うのはどうでしたか？　同じような傷つけ方をしないと決意することはできましたか？

　他人を傷つけたことに気づいたときに生まれる罪悪感や自責感にオープンに向き合うには，特別な勇気が必要となります。こういった不快な感情にコンパッションとともに向き合うことができるほど，同じミスをしないと強く決意することができます。自分を許すことで自分のしたことに対する責任を放棄することになるのではと心配する人もいます。しかし，心から自分を許すことがきっかけとなり，実際には有効な変化が生じるのです。

第22章

良いことを心から感じてみる

　セルフ・コンパッションを実践する一番大きなメリットのひとつは，ネガティブ感情にうまく対処できるようになることだけでなく，セルフ・コンパッション自体が**ポジティブ感情を生み出す**[111]ということです。自分自身と自分のしている経験を慈しみつつ現在とつながりながら受け入れると，気分が良くなるのです。これはセンチメンタルな気分の良さではなく，気分が悪くなることに抵抗したり避けたりするわけでもありません。むしろセルフ・コンパッションを実践すると，辛いことから楽しいことまでさまざまな経験をさせられます。

　しかし，人生は良いことよりも悪いことに注意を向けやすいのです。例えば仕事で年次評価を受けるとき，どんなことを最初に思い出しますか？　ほめられたことですか？　それとも批判されたことですか？　またショッピングモールに買い物に行き，5人の礼儀正しい店員と1人の礼儀知らずの店員に出会ったとしたら，思い出しやすいのはどちらの方でしょうか？

　このことを心理学用語で**ネガティビティ・バイアス**negativity bias と言います[112]。Rick Hanson によれば，脳はあたかも「悪い経験はマジックテープでつなぎとめ，良い経験は表面を人工的に加工して覆う」[113]ようなものです。進化論的に言うと，人間がネガティビティ・バイアスを持っているのは，昨日はハイエナの群れがどこにいて明日はどこにいるのかと悩み心配した人間の祖先が，休養して気楽に過ごしていた祖先よりもうまく生き残ることができたからだ，とされています。そのように心配するのは，身の危険が迫っているときには進化の上では適切なことでした。しかし，現代社会にみられる危険のほとんどは自己のとらえ方であり，ネガティビティ・バイアスが現実を歪めています。だからネガティビティ・バイアスをセルフ・コンパッションで修正することになるのです。

> 人類の祖先はネガティブなことに注意を向けることで危険から身を守りましたが，現代にあってはバランスを欠いた現実的ではないほうへと意識が向きます。

　ネガティブな面に偏らず，より現実的でバランスのとれた気づきを高めるには，ポジティブな経験を**意図的**に取り入れることが必要です[114]。このためには，マインドフルネスやセルフ・コンパッションのように，多少の練習が必要となります。さらに，コンパッションの練習では痛みに向き合うことが含まれ，コンパッ

第22章 良いことを心から感じてみる 173

ションの実践を支えるにはポジティブな経験に一層強く注意を向ける必要があるかもしれません。

またポジティブなことに注意を向けることには重要なメリットがあります。「拡張－形成理論」[115] を発展させた Barbara Fredrickson は，進化論からみたポジティブ感情の目的とは，注意を広げることであると主張しています。つまり，人は安心と満足を感じているとき，自分の置かれている環境に好奇心を持ち，探索することを始め，食べ物や住居を得て，休息ができることに気づくということです。すなわち，そうしなければ気づかなかったことに気づけるようになるのです。

> 幸福へのドアが一つ閉まるたびに，他のドアが開きます。しかし，われわれは
> 閉まったドアを見続けてしまい，開いた次のドアに気づかないのです。[116]
> ──ヘレン・ケラー

心理学の分野では，ポジティブ感情を養う方法に近年注目が集まっています。そして効果的とされる実践が2つあります。それは**味わうこと**と**感謝**です。

味わうこと

味わうことには，人生のポジティブな面に気づいて感謝することがあります。ポジティブなことを取り入れ，じっとそれを感じ続けて，そして手放します。これは楽しむ以上の経験であり，味わうこととは楽しむという経験にマインドフルに気づいていくことです[117]。つまり，良いことが起こっているさなかに，良いことが起きていると気づいていくことなのです。

> 味わうとは，ポジティブな経験のマインドフルネスです。

人間は良いことを見逃して悪いことに注意を向けやすいのであれば，楽しみをもたらしてくれることにより注意を向ける必要があります。幸いにも，味わうというのは，新鮮なリンゴの酸味やみずみずしさに気づいたり，頬にあたる優しく涼しい風に気づいたり，同僚の温かい笑顔に気づいたり，自分の手を優しく握っているパートナーの手に気づいたりと，シンプルな実践です。そういったポジティブな経験に気づいて[118] しばらく感じ続けるだけで，幸福度が大幅に上がることが研究で示されています。

感　謝

感謝とは，人生で良いことを知り，これを認めてありがたく感じるということです[119]。欲しくても**今ない**ものに注意を向けていては，こころの状態はネガティブなままです。しかし，**今ある**ものに注意を向けて感謝することで，自分の経験を根本的にリフレーミングできるのです。

味わうことが経験の実践なのに対し，感謝
は知恵の実践です。知恵とは，あらゆること
がどう相互に関連しているのかを理解するこ
とです。単純なことが起こるためにはいくつ
もの要因が必要なのだとわかれば，本当に驚

> 感謝という知恵の実践とは，人生での良
> いことが周りの人々や出来事が相互作用
> した結果だと知ることです。

きます。そしてこの偶然に，畏敬の念や尊敬を感じることもあるかもしれません。感謝するこ
とには，人生の良いことに貢献している無数の人々や出来事に気づくことがあります。ある
MSC 参加者はこう言いました，「知恵の一つ一つを組み合わせることが感謝である」と。

　健康や家族といった大きなことに対して感謝を示すこともできますが，バスが時間通りに来
たとか，暑い夏にエアコンが効いているなどといった小さなことに感謝を示すほうが，効果が
大きいかもしれません。研究では，感謝することと幸福とが関連する[120] と示されています。
哲学者 Mark Nepo はこう記しました。「喜びを知るためのカギは，簡単に満足できるように
なることです」[121]。瞑想指導者 James Baraz は，著書 *Awakening Joy* で感謝の念を持つこと
の大切さにまつわる，素晴らしいストーリーを書いています[122]。許諾の上，以下に紹介します。

　ある年，89 歳になる母を訪ね，感謝の効果についての記事の載った雑誌を持っていきま
した。夕飯を食べている時にその記事に出ていたことをいくつか母に話しました。すると
母は，この研究結果は面白いけど，物事を悲観的に考えやすいのよと言いました。「自分が
如何に恵まれているかはわかっているし，感謝すべきことはたくさんあるけど，ちょっと
したことでダメになっちゃうのよ」と話しました。できることならこういう考え方を変え
たいとは思うけれども，果たして可能かどうか疑っていたのです。そして「うまくいって
ないことに目が向きやすくなっているからねぇ……」と話し終えたのです。

　私は「ねぇお母さん，感謝するためのカギが，物事のとらえ方にかかっているんだよ」
と話し始めました。「例えば，突然テレビが映らなくなったとしよう」。

　母は笑いながら「あぁよくある話ね」と言いました。

　「この経験を説明する時に，『叫びたいくらいいらいらする！』ととらえることができる。
でも『いらいらする……でも，私の人生はとても恵まれている』ととらえることもできる
よね」。母はこの 2 つの大きな違いは理解していました。

　「でもこういうとらえ方を忘れずにやるなんてできないわ」と，母はため息をつきました。

　そこで私と母はこのとらえ方を忘れずにやるために，感謝ゲームというものを新しくつ
くりました。母が文句を言うたびに，私は「……と同時に……」と言うことにしたのです。
すると母は，「私の人生は恵まれている」と続けるわけです。母がこれを試す気になってく
れて，私はとても嬉しくなりました。最初は楽しいゲームとして始めただけでしたが，し
ばらくすると目に見えるような変化が生まれました。母の気分はより明るくなり，感謝に
あふれた日常を送れるようになりました。さらにうれしいことには，母はこの実践をやり
続け，革命的ともいえる変化を引き起こしたのです。

インフォーマルな実践
歩くことを感じとり，味わう[123]

　この味わって行う実践は，庭や森林など美しい自然の中で行うとより気分が上がります。でも他人の目を気にしなくて良い場所ならどこでも行うことができます。

- 屋外で過ごす時間を 15 分取ってください。ここで歩く目的は，視覚，嗅覚，聴覚，触覚，そして味覚まで使って，目を惹くものや，ポジティブな内面の経験に，ゆっくりと，一つ一つ気づいていくことです。
- 歩いている自分を楽しもうとしたり，何かを起こしたりすることが目的ではありません。ただ気づき，取り入れ，心から感じとり，そしてそれらを手放すことをするだけです。
- 歩いている間に，美しいもの，魅力あるもの，インスピレーションを与えてくるものに，いくつ気づきますか？　松の香り，暖かい陽の光，美しい葉，石の形，笑顔，鳥の歌声，足裏の大地の感覚などを楽しめますか？
- なにか美しいとかいいなと感じたら，それに完全に引き込まれてみます。そして味わってみます。綺麗に刈られた草の香りをかいだり，枝の感触を感じたりしても良いです。この世にはあたかもそれらしか存在しないかのように，自分全体で経験を味わってみます。
- 興味が薄れ，何か新しいものを見つけたくなったら，注意を向けていたものを手放し，時間をかけて何か魅力的なものやいいと思うものを見つけていきます。花から花へ飛ぶミツバチのようになるのです。ひとつを心から堪能したら，他のものに移ります。
- 時間をたっぷりと使ってゆっくりと動き，飛び込んでくるものを観察してみます。

振り返り

　ポジティブなことを選んで経験してみて，いかがでしたか？　いつもだったら見逃してしまうことに気づくことはできましたか？　いいと感じることやきれいだと思ったことを味わうことはできましたか？

　この実践を行う前と後を比べて，気分はどう違いますか？

　多くの人は，ポジティブな経験を心から感じることで幸せになることもできるのだとわかります。またこのエクササイズをすると，経験に対して心でささやくいろいろな声が，どのように私たちの経験を楽しむ邪魔をするのかにも気づくことができます。しかし，美しいものに直接に注意を向けることで，色がより明るくなり，音がもっとはっき

りと聞こえ，香りもよく感じられるなど，五感が研ぎ澄まされます。Emily Dickinson はこう述べています。「生きるというのは驚きにあふれ，他のことをする余裕なんてほとんどないのです」[124]。

インフォーマルな実践
食べ物を味わう

食べ物を味わうというのは食べる経験を一層楽しみながら，マインドフルに食べることです。

- 食べたいと思う食べ物を選びます。
- 少し時間を取って，この食べ物がどんなにおいしそうに見えるかを目で眺めます。そして香りや感触を味わいます。
- この食べ物が自分の口に届くまでに，農家，トラック運転手，食料品店など，何人もの人の力が必要だったと振り返ります。
- では，**とてもゆっくりと**食べてみます。まず，食べ物に触れる前に唾液が出る感覚を感じます。食べ物を口に運ぶとき，唇を通るとき，噛むとき，口の中に味が広がるかどうか……こうしたことに注意を向けながら，ようやく飲み込んでいきます。
- 食べるという経験の一瞬一瞬を楽しんでいいことを理解して，この食べ方を続けていきます。あたかも人生で初めて，そして最後の食事であるかのように。
- 食べ終わったら，「終わった」ということに気づきます。そしてどんな味が口の中に残っているかにも気づきます。

振り返り

　時間をかけて楽しんでいいのだとわかると，食べ物の味は違いましたか？　このような食べ方をするのはどうでしたか？
　食べ物を味わうと，満足感や幸福感をすぐに得られることが多いです。皮肉なことに，マインドレスに食べると，食べ物を楽しむことができずに，食べ過ぎてしまいます。マインドフルに食べることは，体重をキープし，お腹がいっぱいになったら食べることを止めることにも役立つということが，研究で示されています[125]。

エクササイズ
大きなことと小さなことに対する感謝

- 人生において大切であり，ありがたく思っている**大きなこと**を5つ書いてください。
  （例：健康，子ども，キャリア，友達）
  1. _____
  2. _____
  3. _____
  4. _____
  5. _____

- 次に，人生において簡単に見逃してしまうけれども，ありがたく思っている**小さく取るに足らないこと**を5つ書いてください。（例：ボタン，自転車タイヤ用ポンプ，お湯，心からの笑顔，老眼鏡）
  1. _____
  2. _____
  3. _____
  4. _____
  5. _____

振り返り

　リストに書いたことで自分が驚いたことはありますか？　同じ感謝でも大きなことと小さなこととではどちらが簡単でしたか？　エクササイズをして，今どんな気分ですか？　エクササイズの前と比べるとどうでしょうか？

　起床したときや，床に入る前に，この実践をすると良いでしょう。両手の5本の指を使い，5つの大きなこと，5つの小さなことを見つけて感謝します。数分あれば十分です。簡単なエクササイズではありますが，「自分の恵まれた点を数える」[126]ことがメンタルヘルスに大きな影響を与えると，研究で示されています。

第23章

自分の良さを認める

　他人に感謝して，その人の良さを認めることが大切だと考える人は多いです。しかし自分自身にはどうでしょうか？　そう簡単にできることではありませんよね。ネガティビティ・バイアスは自分自身に対して特に強いのです。自分の良さを認めるというのは不自然で，明らかに間違っていると感じることもあります。人間は自分の強みを認めるよりも不十分さに注目しやすく，自分のことを歪めてとらえやすいのです。ちょっと考えてみてください。人からほめられたら，ありがとうと素直に受け入れますか？　それとも，いやいやそんなことはないですよと，すぐに否定したくなりますか？　私たちは自分の良さを**考える**だけでイヤな気持ちになりやすいのです。そして「**いつも**こうじゃないし……」とか「悪いところがたくさんあるんだよ」などの反論が浮かんできます。繰り返しますが，これがネガティビティ・バイアスである理由は，相手から嬉しくない言葉をもらったときに，私たちのまず考えることは，「ありがとう，でもいつもこうじゃないんだよ」とか，
「良いところはたくさんあるんだけど，あなた知ってる？」ではないからです。

> 大半の人が，自分の良さを認めるのは間違いだと感じています。

　私たちの大半は，自分の良さを認めることを実際に怖がっています。その理由には以下のようなことが考えられます。

- 傲慢だと思われて友達に嫌われたくない。
- 自分の良いところは直す必要のある問題ではないので，注意を向ける必要はない。
- 自分のことを崇拝しているような気がして怖い。ダメになるだけかも。
- 自分は優れており他人とは違うのだという気持ちになりそうだ。

　もちろん，人間には良いところもそんなに良くないこともあるという事実を単に認識することと，自分は完璧で他人より優れているということとの間には大きな違いがあります。自分の強みに感謝すると同時に，弱みに対してコンパッションの姿勢を持ち，ありのままの自分自身全部を受け入れることが大切なのです。

　自分のネガティブな面と同じようにポジティブな面に対しても，セルフ・コンパッションの

自分の良さを認める

自分への優しさ：自分に優しくすることとは，親しい友達にするように，自分の良いところへ感謝の気持ちを表すことです。

共通の人間性：良いところがあるのは人間の一部分とわかっていれば，孤独感や優越感を感じることなく，自分の強みを認識することができます。

マインドフルネス：自分の良さを認めるには，自分の良いところを当たり前だと思うのではなく，良いところに意識的に注意を向ける必要があります。

3つの要素，つまり自分への優しさ，共通の人間性，マインドフルネスを使うことができます[127]。この3要素すべてがあれば，自分自身を健康的でバランスあるやり方で理解できるようになります。

　自分の良さを認めることは自己中心的でもわがままでもないと認識することが大切です。むしろ自分の良いところを単に認識することは，人間であればある意味で普通なことです。人前でへりくだることとは自分でやり遂げたことを認め**ない**ことだという考え方で育てられた子どももいますが，こういう子育ては子どもの自己概念を傷つけ，正しく自分を知ることの妨げになります。自分の良さを認めることで，自分に対するネガティビティ・バイアスを修正し，自分自身を調和のとれた人間としてはっきり知ることができるようになります。さらに他人と接するために必要な感情面のレジリエンスや自信も身につきます。

> 人間には悪い面と良い面があります。だから自分の良さを認めることは理にかなっており，自己中心的ではないのです。

　ベストセラー著者でありスピリチュアル指導者の Marianne Williamson はこう記しています[128]。「私たちは皆，子どものように輝くべきです……自分の輝きを存分に放つことができたら，無意識に，他人にもそうしていいのだと考えられるようになります。自分自身の恐怖から解放されれば，私たちの存在が自動的に他人も解放するのです」。

　自分の良さを認める上で重要になるのは，ここでも知恵と感謝です。前章で取り上げたこれらの要素は，幅広い視点から自分の良さを知るのに役に立ちます。自分自身の良さを

> 自分自身を尊敬することは，私たちを育てサポートしてくれた人たちを尊敬することでもあるのです。

認めることができれば，まず良いところを身につける手助けとなったあらゆる理由，状態，そして人々（友達，パートナー，教師）にも感謝することができます。つまり自分の良さとは自分だけのものではないということなのです！

アリスは厳格なプロテスタント信者の家に育ちました。人にへりくだり，表に出ないことを良しとする家庭でした。彼女が8歳のとき，小学3年生レベルのスペリングコンテストの優勝トロフィーを持って帰ってきたことがあります。そのとき母親はただ眉をつり上げて，「ズボンが小さくなってきたわね」と言っただけでした。アリスはどんな成果を挙げても，どれも大したことないと思わねばならず，そうしなければ家族に認めてもらえないと感じていました。

　その後，アリスはセオという男性と付き合い始めました。セオはアリスのことを美しくて優しく，頭の良い素晴らしい人だと思っていて，それを言葉で伝えることが好きでした。アリスはそんなほめ言葉を聞くと，困ってすくんでしまうだけでなく，不安を感じるのでした。自分が不完全な人間だと知られたらどうしよう？　彼をがっかりさせてしまったらどうしよう？と。そしてセオがなにか良いことを言えばアリスは聞かずじまいだったので，アリスとの間に見えない壁があるように感じていたのでした。

　アリスはセルフ・コンパッションを上手に使えるようになり，特に自分の不十分さを共通の人間性の一部として理解できるようになっていました。自分自身の良さを認めるということも，最初は頭だけの理解でしたが，自分にもきっと実践できると思っていました。彼女は最初に，1日に自分のした良いこと，たとえば親切にできたこと，うまく行ったこと，やり遂げた小さなことなどに注意を向けて覚えておくようにしました。次に，この良かったことに関して「アリス，よくやったね」などと自分を認める言葉を口にしました。自分にこういう言葉をかけると，子どもの頃の親との見えない約束を破っているような気になり，イヤな感じがしたのですが，この実践を続けました。「他人より優れていると言っているわけじゃない。うまくやったっていうことも事実だと認識しているだけなんだ」とね。そして，アリスはセオの心からのほめ言葉をできるだけ味わうように心がけました。セオはこの変化をとても喜び，アリスにブレスレットをプレゼントしました。そのブレスレットの内側にはこう書かれていました。「私は完璧じゃないかもしれないけど，素晴らしい部分があるんだ！」。

 エクササイズ
自分の良いところをどう感じるか？

以下の質問を考え，できるだけ率直に正直に答えてください。

- あなたは人からほめられたとき，どのように感じますか？　嬉しかったり，ありがた

いと感じたりしますか？　それとも緊張したり，避けたり，無視したりしますか？

_____

_____

_____

_____

- ひとりでいる時，自分の良さを認めることが簡単にできますか？　それともイヤですか？

_____

_____

_____

_____

_____

- 自分の良いところを認めるのが難しいと感じるなら，その理由を考えてみましょう。傲慢になったり，うぬぼれたり，自己満足したり，他人との距離ができたりすることを恐れていますか？　それとも違う理由がありますか？　どんな気持ちになりますか？

_____

_____

_____

_____

振り返り

　このエクササイズの難しいところはセルフ・コンパッションよりも自分自身の良さを認めることであり，そう感じる人は多いです。どうやら自分の欠点や不十分さを受け入れることは簡単ですが，自分の強みや達成したことを認めるのは難しいのでしょうか？　うわぁ大変だぁ！……と，もしあなたがそう感じるのでしたら，自分の良さを認めることを日常生活で意識的に実践するといいかもしれない，ということです。

 エクササイズ

自分の良さを認める

　これは，自分の良いところが成長するきっかけとなったことを認識することで，自分の良いところを発見するのに役に立つエクササイズです。

　このエクササイズをやっていてイヤな気分になったら，どんな感情とも少し距離を置いて，ありのままの自分でいるようにしてください。

- 数回深呼吸し，目を閉じて，しっかりと身体の中心を感じてみます。胸か他の身体の部位でスージング・タッチを行い，自分を支え，自分への優しさを感じるサインとしていきます。

- それでは自分の良さだと思うことを3〜5つ考えてみます。最初に浮かんでくることは大切なことや本音ではないかもしれません。本当に心から好きで，自分の良さだと思えることをじっくりと感じられるかどうか，確かめていきます。時間をかけて正直にやっていきます。

　_____
　_____
　_____
　_____
　_____
　_____
　_____
　_____
　_____
　_____

- 次に，ここで出たポジティブなことを一つ一つ考え，自分にそうやって与えられた大切なものを認めるために，心の中でうなずいていきます。

- 自分の良いところを考えるとイヤな感じが生まれるかどうかに注意を向けて，そのイヤな感じと距離を取って，気持ちや経験がありのままでいられるようにします。いつも良いところを見せているとか，他人より優れていると言っているわけではないことを忘れないでください。こういう良いところがあると認識しているというだけです。

第 23 章　自分の良さを認める　183

- それでは，自分の良いところを伸ばすことを助けてくれた人は誰かいるでしょうか？ おそらく友達，両親，先生，本の著者などで，自分にポジティブな影響を与えた人はいますか？

_____

_____

_____

_____

_____

_____

_____

_____

_____

- そのポジティブな影響を一つ一つ考え，一つ一つに感謝の念を送り，認めていきます。

- ほんの一瞬でもいいので，自分に対しての良い気持ちを心から味わい，じっと浸ってみます。

振り返り

　自分の良いところを考えることはできましたか？　自分の良さを認めていくときにどんなことを感じましたか？　他人への感謝の念を取り入れると，より簡単に自分を認めることができましたか？

　このエクササイズの面白いところは，自分の良いところが他者の人生や他者にしてもらったことと相互に関係していることに気づくと，はるかに簡単に自分の良さを認めやすくなる人が多いということです。自分だけではなく他者のことも含めて良さを理解することで，自分自身に注意を向けることが少なくなり，孤独感も減るように思われます。

　かなり多くの人がこのエクササイズは難しいと感じます。特に子どものときのトラウマ経験のある人や，うまくできたことに誇りに思うのは「悪い」とする子育てを受けた人には難しいようです。自分の良いところを認めようとすると，今までいかに自分の良いところを認められてこなかったかを思い出したり，あまり良くないところがよりはっきりと見えてしまったりすることもあります。これはバックドラフト（第 8 章）です。

もしあなたがこういう経験をしたら，バックドラフトは変化の過程の一部だということを思い出し，自分に優しくコンパッションを向けてください。またバックドラフトがあることは，このエクササイズがあなたにとって実り多きものになり得ることを示しています。ゆっくりと忍耐強く実践してください。良いところも悪いところも含め，自分自身の全体を認めていいのだという許しを与えることで，より充実した本物の人生への扉を開けることができるのです。

第24章
これからの生活でどう取り入れるのか

　このワークブックも終わりに近づきました。本書を通してセルフ・コンパッションを育むための幅広い原理や実践を学んできました。この本で学んだことを日常生活にどのように取り入れ，これから何か月も何年も実践し続けるにはどうすればいいか，と思っているかもしれません。

　「自分にとっていい実践とは何ですか？」という質問をときどき受けます。ベストな答えは瞑想指導者 Sharon Salzberg の言うように「自分が一番コミットできる実践！」です。最もコミットできる実践がどれなのかはあとになってからわかるものですが，まずは**最も簡単で楽しいと思えたもの**から始めてみると良いでしょう。どんな実践でしょうか？　あとで振り返るチャンスがありますので，そこで特定してください。

> あなたにとって一番いい実践とは，自分が一番コミットできるものです。

　そして，どの実践が特に**有意義で役に立った**のかを知っておくのも良いです。うまくいかずにバックドラフトを経験したかもしれませんが，何にもとらわれずにいられる自由はすぐそこにあることも感じることでしょう。もしそうだとしたら，このことを認識し，また準備ができたときに実践に戻ります。実践のやり方についてもセルフ・コンパッションの姿勢を続けるということです。

　実践を続けるコツをいくつか紹介します。

　　◇ 自己強化できるよう，実践をできるだけ楽しくする。
　　◇ 小さなことから始める。短い実践でも大きな変化につながる。
　　◇ 日常生活で一番必要なときに実践する。
　　◇ うまくやれなくてもコンパッションを忘れずに。またやればいいだけだから。
　　◇ 正しくやろうという不必要な努力は手放し，自分に温かくフレンドリーに接する。
　　◇ 毎日決まった時間に実践する。
　　◇ 実践を妨げる要因を特定する。
　　◇ マインドフルネスやセルフ・コンパッションに関する本を読む。

◇ 実践の経験を日記に書く。
◇ 他人とつながり，グループで実践する。
◇ 本ワークブック掲載のリンクから，ガイド瞑想を聞く。
◇ MSC プログラムを受講する。The Center for Mindful Self-Compassion（www.centerformsc.org）では，世界各地で行われている MSC コースのリストと，オンラインのトレーニング情報を載せています。

 エクササイズ
自分は何を忘れないでおきたいのだろうか？

　この本を終える前に，本書で学んだことを全て振り返っておきたいと感じていることでしょう。さらに新しいことを非常に多く学んだ気がして圧倒されるかもしれません。だから「自分は何を忘れないでおきたいのだろうか？」という疑問がわくのです。以下の２つの質問に答えてください。１つ目の質問は心の質問で，２つ目は実用的な質問です。

- 心の質問
    - 目を閉じてこのワークブックで行った経験を振り返ってみます。心のあちこちを見回して，心の中のことを**感じ**，「自分の心に触れたり，感動したり，内面で変わったことは何だろうか？」と自分自身に聞いてください。本ワークブックや他のノートに書いたメモを見直して，これまでのことを思い出してもかまいません。
    答えは，本当に何でもかまいません。驚いたこと，気づいたこと，洞察などはありませんでしたか？
    あるいは，ホッとしたこと，難しかったこと，気分を上げてくれたこと，自分を変えるきっかけになったことはありませんでしたか？
    少し時間を取って，心に浮かんできたこと，忘れないでおきたいことを書き出してください。

_____
_____
_____
_____
_____
_____

第 24 章　これからの生活でどう取り入れるのか　187

- **実用的な質問**

　☞ 次に，これからの生活で忘れずに繰り返して行いたい**実践**をすべて書いてください。役
　　に立ったと感じたフォーマルな瞑想や，日常生活でできるインフォーマルな実践につい
　　て確かめていきます。これまでの実践を思い出すために，本ワークブックをざっと見直
　　し，一番簡単だった実践や大きな効果のあった実践を探してみましょう。

おわりにあたって

　マインドフルネスとセルフ・コンパッションへの旅にご参加頂いた読者の皆さんに心から感謝しております。ご存知の通り，深く豊かな人間の経験に対してオープンに向き合うには，勇気とコミットメントが必要です。今までの努力が既に実を結び，より軽く幸せな心に至ることを願っています。セルフ・コンパッションの実践はこの意味で矛盾しています。つまりマインドフルネスとコンパッションを使ってより深い苦しみに向き合うほど，心はより自由になれます。ですが，そうなるためには忍耐強くならなければいけないのです。

　マインドフルネスとセルフ・コンパッションの実践は生涯にわたる旅です。つまりたどり着くことは決してありません。でもそれでいいのです。なぜならば私たちの人生の一瞬一瞬が貴重であり，一瞬一瞬が実践の機会であるとわかるからです。私たちはコミュニティで他者と一緒に実践する機会を特に大切にしています。だからあなたが自分のことを広がり続けるコミュニティの一員だととらえ，自分の糧にして頂くように願っています。

　おわりにあたって，私たちの努力で実ったこの果実が生きとし生けるもの**すべて**に捧げられますように。そしてコンパッションの大いなる環に私たち自身も入っていることを決して忘れませんように。

監訳者あとがき

　セルフ・コンパッションに興味を持ったのは今から数年前でした。思うところがあり，クリスティンの『セルフ・コンパッション』邦訳書をテキストに大学の授業で教え始めたのがきっかけです。すると，心理学専攻の学生に多くありがちな自己評価への不安・恐怖が軽くなり，普通の授業では感じない手応えのようなものを感じました。また私自身も教えていながら，自ら幸せになるという不思議な経験をしたのです。しかし同時にクリスティンの実体験に基づいた本で教えつつ自ら学ぶにあたり，いくばくかの難しさも感じていました。私自身が正規のMSC コースを未体験でした。果たしてそれで教えられるのか，本当に自分はわかっているのかと，実は自分にあまり"優しくなかった"のでしょう。そんな矢先，本書と非常に印象的な出会いを果たすことになりました。

　2018 年 3 月，私は大宮宗一郎氏とともに米国アリゾナ州セドナの Mago Retreat で，Mindful Self-Compassion（MSC）5-day Intensive（通常の MSC 8 週間プログラムを 5 日間に凝縮したリトリートプログラム）に参加しました（講師：クリスティン・ネフ，クリストファー・ガーマー）。英語のわからない中で果たして何の意味を持つのかと自らに問いを課しての訪問でした。美しいセドナの少し風変わりですがきわめて快適な施設で，すべてが始まりました。この 5 日間は夢のような記憶として，私の心の中に今でも留められています。確かコースの 2日目か 3 日目だったでしょうか。忘れもしません。他のテーブルがマインドフル・ランチとして静穏な昼食となる中で，会話可能なテーブルでクリスから「タクロウ，今度出版されるMSC のワークブックを日本語に訳さないか？」と突然言われた瞬間のことを。これが本書との初めての出会いでした。でも，ほとんど初対面の，英語のあまり理解できない（素性のわからない？）見知らぬ日本人に翻訳を頼むとは，一体どういうことでしょうか？ いぶかしさもあり，このときは正直半信半疑でした。その後，いろいろな経緯があり当初は暗中模索の状況でしたが，星和書店と Guilford Press，そして著者クリスのまさにコンパッションあふれる理解と連携により，奇跡的に翻訳出版にこぎ着けることができました。Guilford から星和書店に送られた最終稿のゲラを見たときの感動は何にも代えがたいものでした。

　翻訳作業を進める中で，私たち 2 人は日本人唯一の MSC Certified Teacher（3 つある MSC指導者資格の最上位）でマインドフルネス指導者のハースのり子さん（サンディエゴ在住）から「翻訳をするなら是非 Teacher Training に出てみてはどうか？」と勧められました。MBSR など他のマインドフルネス技法書の翻訳者と同様に，MSC に関する書籍の翻訳者はTeacher Training を受けて，十分な知識と経験を有することが望ましいということが理由の1 つでした。英語が不得手なこともあり，最初は躊躇していましたが，のり子さんの多大なる支援と丁寧な通訳のもとで，2019 年 1 月にカリフォルニア州ジョシュアツリーで実施された 6

日間の Teacher Training（講師：スティーブ・ヒックマン，クリストファー・ガーマー，ミシェル・ベッカー，ベス・マリガン）に参加することができました。トレーニングの休憩中，クリスに「現在翻訳中のワークブック日本語版のための序文を書いて頂けませんか？」と拙い英語でお願いしたところ，ご快諾頂き，冒頭の序文を頂きました。送られてきた序文を訳していて，クリスのコンパッションに満ちた美しく温かい文がこの日本語版にさらなる慈悲と愛情を与えていると心から感じています。

原著 *The Mindful Self-Compassion Workbook : A Proven Way to Accept Yourself, Build Inner Strength, and Thrive*（2018, Guilford Press）は MSC の唯一の公式テキストです。ハードカバー，ソフトカバー，Kindle 版で出版され，Amazon レビュー 4.8（2019 年 6 月現在）と驚くべき高評価を得ています。このワークブックにはセルフ・コンパッションの実証研究を元にした実践のスキルやコツがわかりやすく説明されています。こうしたスキルはセルフ・コンパッションの実証研究に基づくだけでなく，MSC コースの参加者や指導者によるさまざまな経験的叡智から得られています。本文の記入欄をお使い頂き，直接書き込みながら進めて頂くことができます。初めて取り組まれる方はもちろん，以前セルフ・コンパッションを試そうとして挫折した方も，是非お手にとって読み進めて頂ければ，本書の意味と価値をご理解頂けるものと確信しています。残念なことに，クリスティンとクリスの声で録音されたガイド瞑想音源については，諸般の事情で翻訳録音することができませんでした。しかしのり子さんと私の声で，スージング・タッチ，セルフ・コンパッションを使ったひと休み，3 つの中核瞑想（優しい呼吸の瞑想，自分への慈悲の瞑想，コンパッションを与えて受け取る）のガイド音源を星和書店の公式 HP ページに公開させて頂きました（www.seiwa-pb.co.jp/search/bo05/bn979.html）。ワークブック中のガイド文章にはとらわれずに，少し異なる趣で録音しています。コンパッションの「自由さと優しさ」を感じていただき，文字通り自由にお使いくだされば幸いです。のり子さんの公式 HP（mindfulheartcenter.com）には穏やかで美しい声のさまざまな瞑想ガイド音源がアップされています。

MSC はコミュニティを基礎としたセルフケアの方法ですが，セラピーのような効果があります。メンタルヘルスの課題を抱えている方，トラウマケアを要する方にとっても役に立つ大切な方法です。もしご自身のメンタルヘルスの問題について主治医の治療や臨床心理士，カウンセラーの面接を受けていらっしゃる場合は担当の先生と相談しながら進めて頂くことをお勧めします。MSC コース（8 週間もしくは 5 日間リトリート）を受講されたい方は統括団体である米国の非営利法人 Center for Mindful Self-Compassion（CMSC）の公式 HP（centerformsc.org）をご覧ください（私たちも日本国内での MSC コース開催に向けて準備を進めております）。またセルフ・コンパッションの瞑想をセラピーとして用いたい臨床家・専門家は，Guilford から同じ著者により 2019 年に刊行された *Teaching the Mindful Self-Compassion Program: A Guide for Professionals*［星和書店より日本語訳を刊行予定］をご参照ください（な

お MSC，Mindful Self-Compassion は米国 CMSC の登録商標であり，所定の８週間プログラムもしくは５日間のリトリートで実施されるコースのみを指すことをここに申し添えます）。

　翻訳にあたっては，原著を井口が下訳し，それを大宮，菊地，高橋が原文と照らし合わせて確認・修正し，最終的には富田が用語統一など全文を確認しております。本書の最終的な責任は富田にあります。第３章のセルフ・コンパッション尺度短縮版は有光興記先生（関西学院大学）らの作成された項目訳を使わせて頂きました。項目の使用をお認めくださいました有光先生に記して感謝申し上げます。尺度の詳細につきましては引用元論文（有光興記，青木康彦，古北みゆき，多田綾乃，富樫莉子：セルフ・コンパッション尺度日本語版の 12 項目短縮版作成の試み．駒澤大学心理学論集，18，1-9，2016.）をご参照ください。

　最後に，本書の出版に際しご理解とご協力を賜りました方々をご紹介させて頂きます。
　私たちの MSC メンターであるハースのり子氏，３人の日本人 MSC Teacher Training 修了者の方々（2019 年６月現在），星和書店の石澤雄司社長と編集担当の近藤達哉氏，原著者クリス・ガーマーとクリスティン・ネフの両氏，Guilford Press，本書の意義を理解し，ともに MSC を学び続けて実践する盟友・大宮宗一郎氏，そして本書の共訳者です。改めて心よりお礼と感謝を申し上げます。本書そのものがまさに多くの人々のコンパッションの産物です。
　本書から，みなさまが大いなるコンパッションと慈悲を受けられますように。そして，みなさまとこの世界すべてがコンパッションと深い愛の環の中に永くあり続けますように。

盛夏近き日の緑まぶしき多摩の杜にて
富田拓郎

文献，参考資料

書籍

Baraz, J., & Alexander, S. (2012). *Awakening joy.* Berkeley, CA: Parallax Press.

Bluth, K. (2017). *The self-compassion workbook for teens.* Oakland, CA: New Harbinger Press.

Brach, T. (2003). *Radical acceptance: Embracing your life with the heart of a Buddha.* New York: Bantam.

Brach, T. (2013). *True refuge.* New York: Bantam Books.

Brown, B. (2010). *The gifts of imperfection.* Center City, MN: Hazelden.

Brown, B. (2012). *Daring greatly.* New York: Penguin.

Chödrön, P. (1997). *When things fall apart: Heart advice for difficult times.* Boston: Shambhala.

Chödrön, P. (2005). *Start where you are: How to accept yourself and others.* London: Element/HarperCollins.

Dalai Lama. (1995). *The power of compassion.* New York: HarperCollins.

Fredrickson, B. (2013). *Love 2.0.* New York: Hudson Street Press.

Germer, C. K. (2009). *The mindful path to self-compassion.* New York: Guilford Press.

Germer, C., & Neff, K. (2019). *Teaching the Mindful Self-Compassion program: A guide for professionals.* New York: Guilford Press.

Gilbert, P. (2009). *The compassionate mind.* Oakland, CA: New Harbinger Press.

Hanh, T. N. (1998). *Teaching on love.* Berkeley, CA: Parallax Press.

Hanson, R. (2009). *The Buddha's brain.* Oakland, CA: New Harbinger Press.

Hanson, R. (2014). *Hardwiring happiness.* New York: Harmony/Crown.

Jinpa, T. (2015). *A fearless heart.* New York: Avery/Penguin.

Kabat-Zinn, J. (1990). *Full catastrophe living.* New York: Dell.

Keltner, D. (2009). *Born to be good.* New York: Norton.

Kornfield, J. (1993). *A path with heart.* New York: Bantam Books.

Neff, K. (2011). *Self-compassion: The proven power of being kind to yourself.* New York: William Morrow.

Rosenberg, M. (2003). *Nonviolent communication: A language of life*. Encinitas, CA: PuddleDancer Press.

Salzberg, S. (1997). *Lovingkindness: The revolutionary art of happiness*. Boston: Shambhala.

Salzberg, S. (2008). *The kindness handbook*. Boulder, CO: Sounds True.

Siegel, D. J. (2010). *Mindsight*. New York: Bantam.

クリスティン・ネフとクリストファー・ガーマーによる オンラインコースとオーディオコース

The power of self compassion: A step-by-step training to bring kindness and inner strength to any moment of your life. Sounds True, *www.soundstrue.com*. Eight-week online training course by Kristin Neff and Christopher Germer.

Self-compassion: Step by step: The proven power of being kind to yourself. Sounds True. *www.soundstrue.com*. Six-session audio training course by Kristin Neff.

クリスティン・ネフとクリストファー・ガーマーによるウェブサイト

Center for Mindful Self-Compassion
www.centerformsc.org
- Audio and video recordings by Christopher Germer and Kristin Neff
- Resources for supporting continuing practice
- Online offerings for continuing study
- Information about upcoming retreats, workshops, and other activities related to self-compassion
- A searchable database of MSC teachers and programs worldwide

Social Media
- Facebook page at *www.facebook.com/centerformsc*
- Twitter at *@centerformsc*

Kristin Neff
www.self-compassion.org
- Video presentations
- Guided meditations
- Self-compassion exercises
- Testing your own self-compassion level
- Huge library of self-compassion research
- Information about upcoming talks and workshops

Social Media
- Facebook page at *www.facebook.com/selfcompassion*
- Twitter at *@self_compassion*

Christopher Germer
www.chrisgermer.com
- Guided meditations
- Information about upcoming talks and workshops

Social Media
- Facebook page at *www.facebook.com/Christopher-K-Germer-PhD-The-Mindful-Path-to-Self-Compassion-141943624277*

その他

Acceptance and Commitment Therapy
www.contextualscience.org/act

Center for Compassion and Altruism Research and Education, Stanford Medicine
www.ccare.stanford.edu

Center for Healthy Minds, University of Wisconsin–Madison
www.centerhealthyminds.org

Center for Mindfulness and Compassion, Cambridge Health Alliance, Harvard Medical School Teaching Hospital
www.chacmc.org

Center for Mindfulness in Medicine, Health Care, and Society, University of Massachusetts Medical School
www.umassmed.edu/cfm

Cognitively-Based Compassion Training, Emory University
www.tibet.emory.edu/cognitively-based-compassion-training

Compassion Cultivation Training and Contemplative Education, Compassion Institute
www.compassioninstitute.com

Compassion Focused Therapy, Compassionate Mind Foundation
www.compassionatemind.co.uk

Greater Good Magazine, Greater Good Science Center at UC Berkeley
www.greatergood.berkeley.edu

Institute for Meditation and Psychotherapy
www.meditationandpsychotherapy.org

Internal Family Systems, Center for Self Leadership
www.selfleadership.org

Mindfulness-Based Cognitive Therapy
www.mbct.com

注一覧

はじめに

1) **Our task is not to seek for love:** Quote retrieved from *www.bbc.co.uk/worldservice/learningenglish/movingwords/quotefeature/rumi.shtml*.

2) **... self-compassionate tend to have greater happiness, life satisfaction:** Zessin, U., Dickhauser, O., & Garbade, S. (2015). The relationship between self-compassion and well-being: A meta-analysis. *Applied Psychology: Health and Well-Being, 7*(3), 340–364.

3) **... and motivation:** Breines, J. G., & Chen, S. (2012). Self-compassion increases self-improvement motivation. *Personality and Social Psychology Bulletin, 38*(9), 1133–1143.

4) **... better relationships:** Neff, K. D., & Beretvas, S. N. (2013). The role of self-compassion in romantic relationships. *Self and Identity, 12*(1), 78–98.

5) **... and physical health:** Dunne, S., Sheffield, D., & Chilcot, J. (2016). Brief report: Self-compassion, physical health and the mediating role of health-promoting behaviours. *Journal of Health Psychology*.

6) **... and less anxiety and depression:** MacBeth, A., & Gumley, A. (2012). Exploring compassion: A meta-analysis of the association between self-compassion and psychopathology. *Clinical Psychology Review, 32*, 545–552.

7) **... stressful life events such as divorce:** Sbarra, D. A., Smith, H. L., & Mehl, M. R. (2012). When leaving your ex, love yourself: Observational ratings of self-compassion predict the course of emotional recovery following marital separation. *Psychological Science, 23*, 261–269.

8) **... health crises:** Brion, J. M., Leary, M. R., & Drabkin, A. S. (2014). Self-compassion and reactions to serious illness: The case of HIV. *Journal of Health Psychology, 19*(2), 218–229.

9) **. . . academic failure:** Neff, K. D., Hseih, Y., & Dejitthirat, K. (2005). Self-compassion, achievement goals, and coping with academic failure. *Self and Identity, 4,* 263–287.

10) **. . . even combat trauma:** Hiraoka, R., Meyer, E. C., Kimbrel, N. A., DeBeer, B. B., Gulliver, S. B., & Morissette, S. B. (2015). Self-compassion as a prospective predictor of PTSD symptom severity among trauma-exposed U.S. Iraq and Afghanistan war veterans. *Journal of Traumatic Stress, 28,* 1–7.

11) **. . . training programs such as mindfulness-based stress reduction:** Birnie, K., Speca, M., & Carlson, L. E. (2010). Exploring self-compassion and empathy in the context of mindfulness-based stress reduction (MBSR). *Stress and Health, 26,* 359–371.

12) **. . . and mindfulness-based cognitive therapy:** Kuyken, W., Watkins, E., Holden, E., White, K., Taylor, R. S., Byford, S., et al. (2010). How does mindfulness-based cognitive therapy work? *Behavior Research and Therapy, 48,* 1105–1112.

13) **. . . also increase self-compassion:** Keng, S., Smoski, M. J., Robins, C. J., Ekblad, A. G., & Brantley, J. G. (2012). Mechanisms of change in mindfulness-based stress reduction: Self-compassion and mindfulness as mediators of intervention outcomes. *Journal of Cognitive Psychotherapy, 26*(3), 270–280.

14) **. . . increases in self-compassion and mindfulness, reduces anxiety and depression:** Neff, K. D., & Germer, C. K. (2013). A pilot study and randomized controlled trial of the Mindful Self-Compassion program. *Journal of Clinical Psychology, 69*(1), 28–44.

15) **. . . enhances overall well-being:** Bluth, K., Gaylord, S. A., Campo, R. A., Mullarkey, M. C., & Hobbs, L. (2016). Making friends with yourself: A mixed methods pilot study of a Mindful Self-Compassion program for adolescents. *Mindfulness, 7*(2), 1–14.

16) **. . . and even stabilizes glucose levels among people with diabetes:** Friis, A. M., Johnson, M. H., Cutfield, R. G., & Consedine, N. S. (2016). Kindness matters: A randomized controlled trial of a mindful self-compassion intervention improves depression, distress, and HbA1c among patients with diabetes. *Diabetes Care, 39*(11), 1963–1971.

17) **Though it's beneficial to feel good about ourselves:** Neff, K. D., & Vonk, R. (2009). Self-compassion versus global self-esteem: Two different ways of relating to oneself. *Journal of Personality, 77,* 23–50.

18) **. . . publication of *Mindfulness and Psychotherapy:*** Germer, C. K., Siegel, R., & Fulton, P. (Eds.). (2013). *Mindfulness and psychotherapy* (2nd ed.). New York: Guilford Press.

19) **In 2009, I published *The Mindful Path to Self-Compassion:*** Germer, C. K. (2009). *The mindful path to self-compassion: Freeing yourself from destructive thoughts and emotions.* New York: Guilford Press.

20) **The following year, Kristin published *Self-Compassion*:** Neff, K. D. (2011). *Self-compassion: The proven power of being kind to yourself.* New York: William Morrow.

21) **. . . the MSC professional training manual, to be published by The Guilford Press:** Germer, C. K., & Neff, K. D. (2019). *Teaching the Mindful Self-Compassion program: A guide for professionals.* New York: Guilford Press.

第1章

セルフ・コンパッションとは何か？

22) **. . . self-kindness, common humanity, and mindfulness:** Neff, K. D. (2003). Self-compassion: An alternative conceptualization of a healthy attitude toward oneself. *Self and Identity, 2,* 85–102.

23) **. . . 16% are about equal:** Knox, M., Neff, K., & Davidson, O. (2016, June). *Comparing compassion for self and others: Impacts on personal and interpersonal well-being.* Paper presented at the 14th annual meeting of the Association for Contextual Behavioral Science World Conference, Seattle, WA.

第2章

セルフ・コンパッションではないこと

24) **. . . likely to engage in perspective taking:** Neff, K. D., & Pommier, E. (2013). The relationship between self-compassion and other-focused concern among college undergraduates, community adults, and practicing meditators. *Self and Identity, 12*(2), 160–176.

25) **. . . ruminate on how bad things are:** Raes, F. (2010). Rumination and worry as mediators of the relationship between self-compassion and depression and anxiety. *Personality and Individual Differences, 48,* 757–761.

26) **. . . cope with tough situations like divorce:** Sbarra, D. A., Smith, H. L., & Mehl, M. R. (2012). When leaving your ex, love yourself: Observational ratings of self-compassion predict the course of emotional recovery following marital separation. *Psychological Science, 23,* 261–269.

27) **. . . trauma:** Hiraoka, R., Meyer, E. C., Kimbrel, N. A., DeBeer, B. B., Gulliver, S. B., & Morissette, S. B. (2015). Self-compassion as a prospective predictor of PTSD symptom severity among trauma-exposed U.S. Iraq and Afghanistan war veterans. *Journal of Traumatic Stress, 28,* 1–7.

28) **. . . or chronic pain:** Wren, A. A., Somers, T. J., Wright, M. A., Goetz, M. C., Leary, M. R., Fras, A. M., et al. (2012). Self-compassion in patients with persistent musculoskeletal pain: Relationship of self-compassion to adjustment to persistent pain. *Journal of Pain and Symptom Management, 43*(4), 759–770.

29) **. . . caring and supportive in romantic relationships:** Neff, K. D., & Beretvas, S. N. (2013). The role of self-compassion in romantic relationships. *Self and Identity, 12*(1), 78–98.

30) **. . . more likely to compromise in relationship conflicts:** Yarnell, L. M., & Neff, K. D. (2013). Self-compassion, interpersonal conflict resolutions, and well-being. *Self and Identity, 2*(2), 146–159.

31) **. . . more compassionate and forgiving toward others:** Neff, K. D., & Pommier, E. (2013). The relationship between self-compassion and other-focused concern among college undergraduates, community adults, and practicing meditators. *Self and Identity, 12*(2), 160–176.

32) **. . . healthier behaviors like exercise:** Magnus, C. M. R., Kowalski, K. C., & McHugh, T. L. F. (2010). The role of self-compassion in women's self-determined motives to exercise and exercise-related outcomes. *Self and Identity, 9,* 363–382.

33) **. . . eating well:** Schoenefeld, S. J., & Webb, J. B. (2013). Self-compassion and intuitive eating in college women: Examining the contributions of distress tolerance and body image acceptance and action. *Eating Behaviors, 14*(4), 493–496.

34) **. . . drinking less:** Brooks, M., Kay-Lambkin, F., Bowman, J., & Childs, S. (2012). Self-compassion amongst clients with problematic alcohol use. *Mindfulness, 3*(4), 308–317.

35) **. . . going to the doctor more regularly:** Terry, M. L., Leary, M. R., Mehta, S., & Henderson, K. (2013). Self-compassionate reactions to health threats. *Personality and Social Psychology Bulletin, 39*(7), 911–926.

36) **. . . take greater personal responsibility for their actions:** Zhang, J. W., & Chen, S. (2016). Self-compassion promotes personal improvement from regret experiences via acceptance. *Personality and Social Psychology Bulletin, 42*(2), 244–258.

37) **. . . more likely to apologize if they've offended someone:** Howell, A. J., Dopko, R. L., Turowski, J. B., & Buro, K. (2011). The disposition to apologize. *Personality and Individual Differences, 51*(4), 509–514.

38) **. . . don't beat themselves up when they fail:** Neff, K. D. (2003). Development and validation of a scale to measure self-compassion. *Self and Identity, 2,* 223–250.

39) **. . . less afraid of failure:** Neff, K. D., Hseih, Y., & Dejitthirat, K. (2005). Self-compassion, achievement goals, and coping with academic failure. *Self and Identity, 4,* 263–287.

40) **. . . more likely to try again and to persist in their efforts after failing:** Breines, J. G., & Chen, S. (2012). Self-compassion increases self-improvement motivation. *Personality and Social Psychology Bulletin, 38*(9), 1133–1143.

41) **Compared with self-esteem, self-compassion is less contingent:** Neff, K. D., & Vonk, R. (2009). Self-compassion versus global self-esteem: Two different ways of relating to oneself. *Journal of Personality, 77,* 23–50.

199

第3章

セルフ・コンパッションのメリット

42) **People who are more self-compassionate experience greater well-being:**

MacBeth, A., & Gumley, A. (2012). Exploring compassion: A meta-analysis of the association between self-compassion and psychopathology. *Clinical Psychology Review, 32,* 545–552.

Zessin, U., Dickhauser, O., & Garbade, S. (2015). The relationship between self-compassion and well-being: A meta-analysis. *Applied Psychology: Health and Well-Being, 7*(3), 340–364.

Neff, K. D., Long, P., Knox, M. C., Davidson, O., Kuchar, A., Costigan, A., et al. (in press). The forest and the trees: Examining the association of self-compassion and its positive and negative components with psychological functioning. *Self and Identity.*

Hall, C. W., Row, K. A., Wuensch, K. L., & Godley, K. R. (2013). The role of self-compassion in physical and psychological well-being. *Journal of Psychology, 147*(4), 311–323.

43) **. . . people who took the MSC course:** Neff, K. D., & Germer, C. K. (2013). A pilot study and randomized controlled trial of the Mindful Self-Compassion program. *Journal of Clinical Psychology, 69*(1), 28–44.

44) **The Self-Compassion Scale measures:** Neff, K. D. (2003). Development and validation of a scale to measure self-compassion. *Self and Identity, 2,* 223–250.

45) **. . . adapted version of the short form:** Raes, F., Pommier, E., Neff, K. D., & Van Gucht, D. (2011). Construction and factorial validation of a short form of the Self-Compassion Scale. *Clinical Psychology and Psychotherapy, 18,* 250–255.

46) **Journaling is an effective way to express emotions:** Ullrich, P. M., & Lutgendorf, S. K. (2002). Journaling about stressful events: Effects of cognitive processing and emotional expression. *Annals of Behavioral Medicine, 24*(3), 244–250.

第4章

自己批判とセルフ・コンパッションの生理学

47) **. . . created compassion-focused therapy:** Gilbert, P. (2009). *The compassionate mind.* London: Constable.

48) **The threat-defense system evolved:** LeDoux, J. E. (2003). *Synaptic self: How our brains become who we are.* New York: Penguin.

49) **. . . the mammalian care system evolved:** Solomon, J., & George, C. (1996). Defining the caregiving system: Toward a theory of caregiving. *Infant Mental Health Journal, 17*(3), 183–197.

50) **Two reliable ways of activating the care system** . . . Stellar, J. E., & Keltner, D. (2014). Compassion. In M. Tugade, L. Shiota, & L. Kirby (Eds.), *Handbook of positive emotions* (pp. 329–341). New York: Guilford Press.

51) **. . . researchers asked participants to imagine receiving compassion:** Rockcliff, H., Gilbert, P., McEwan, K., Lightman, S., & Glover, D. (2008). A pilot exploration of heart rate variability and salivary cortisol responses to compassion-focused imagery. *Clinical Neuropsychiatry, 5,* 132–139.

第5章
セルフ・コンパッションの陰と陽

52) **. . . traditional feminine gender role norms:** Eagly, A. H. (1987). *Sex differences in social behavior: A social-role interpretation.* Hillsdale, NJ: Erlbaum.

第6章
マインドフルネス

53) **. . . "awareness of present-moment experience with acceptance":** Bishop, S. R., Lau, M., Shapiro, S., Carlson, L., Anderson, N. D., Carmody, J., et al. (2004). Mindfulness: A proposed operational definition. *Clinical Psychology Science and Practice, 11,* 191–206.

54) **. . . *the default mode network:* ** Raichle, M. E., MacLeod, A. M., Snyder, A. Z., Powers, W. J., Gusnard, D. A., & Shulman, G. L. (2001). A default mode of brain function. *Proceedings of the National Academy of Sciences of the USA, 98*(2), 676–682.

55) **. . . deactivate the default mode network:** Brewer, J. A., Worhunsky, P. D., Gray, J. R., Tang, Y. Y., Weber, J., & Kober, H. (2011). Meditation experience is associated with differences in default mode network activity and connectivity. *Proceedings of the National Academy of Sciences of the USA, 108*(50), 20254–20259.

56) **. . . during our normal activities:** Taylor, V. A., Daneault, V., Grant, J., Scavone, G., Breton, E., Roffe-Vidal, S., et al. (2013). Impact of meditation training on the default mode network during a restful state. *Social Cognitive and Affective Neuroscience, 8*(1), 4–14.

第7章
抵抗を手放す

57) **Suffering = Pain × Resistance:** Young, S. (2016). *A pain processing algorithm.* Retrieved February 8, 2018, from *www.shinzen.org/wp-content/uploads/2016/12/art_painprocessingalg.pdf.*

58) **. . . just makes the pain more intense:** McCracken, L. M., & Eccleston, C. (2003). Coping or acceptance: What to do about chronic pain? *Pain, 105*(1), 197–204.

59) **. . . when we try to suppress our unwanted thoughts or feelings:** Wegner, D. M., Schneider, D. J., Carter, S. R., & White, T. L. (1987). Paradoxical effects of thought suppression. *Journal of Personality and Social Psychology, 53*(1), 5–13.

第8章
バックドラフト

60) **. . . we may reexperience old pain as it starts to be released:** Germer, C. K., & Neff, K. D. (2013). Self-compassion in clinical practice. *Journal of Clinical Psychology, 69*(8), 856–867.

61) **. . . this practice can help regulate strong emotions such as anger:** Singh, N. N., Wahler, R. G., Adkins, A. D., Myers, R. E., & the Mindfulness Research Group. (2003). Soles of the feet: A mindfulness-based self-control intervention for aggression by an individual with mild mental retardation and mental illness. *Research in Developmental Disabilities, 24,* 158–169.

第9章
慈悲を高める

62) **. . . the Pali term *metta*:** Salzberg, S. (1997). *Lovingkindness: The revolutionary art of happiness.* Boston: Shambhala.

63) **". . . deep desire to alleviate that suffering":** Goetz, J. L., Keltner, D., & Simon-Thomas, E. (2010). Compassion: An evolutionary analysis and empirical review. *Psychological Bulletin, 136,* 351–374.

64) **According to the Dalai Lama:** Dalai Lama. (2003). *Lighting the path: The Dalai Lama teaches on wisdom and compassion.* South Melbourne, Australia: Thomas C. Lothian.

65) **. . . loving-kindness meditation is "dose dependent":** Pace, T. W. W., Negi, L. T., Adame, D. D., Cole, S. P., Sivilli, T. I., Brown, T. D., et al. (2009). Effect of compassion meditation on neuroendocrine, innate immune and behavioral responses to psychosocial stress. *Psychoneuroendocrinology, 43*(1), 87–98.

66) **. . . reduced negative emotions like anxiety and depression:** Shonin, E., Van Gordon, W., Compare, A., Zangeneh, M., & Griffiths, M. D. (2014). Buddhist-derived loving-kindness and compassion meditation for the treatment of psychopathology: A systematic review. *Mindfulness, 6,* 1161–1180.

67) **. . . increased positive emotions like happiness and joy:** Fredrickson, B. L., Cohn, M. A., Coffey, K. A., Pek, J., & Finkel, S. M. (2008). Open hearts build lives:

Positive emotions, induced through loving-kindness meditation, build consequential personal resources. *Journal of Personal and Social Psychology, 95,* 1045–1062.

68) **"... the heart breaks and the words fall in":** Moyers, W., & Ketcham, K. (2006). *Broken: My story of addiction and redemption* (frontmatter, quoted from *The Politics of the Brokenhearted* by Parker J. Palmer). New York: Viking Press.

第11章
セルフ・コンパッションをもった動機づけ

69) **... drive needed to make changes or reach our goals:** Gilbert, P. P., McEwan, K. K., Gibbons, L. L., Chotai, S. S., Duarte, J. J., & Matos, M. M. (2012). Fears of compassion and happiness in relation to alexithymia, mindfulness, and self-criticism. *Psychology and Psychotherapy: Theory, Research and Practice, 85*(4), 374–390.

70) **... are less likely to fear failure:** Neff, K. D., Hseih, Y., & Dejitthirat, K. (2005). Self-compassion, achievement goals, and coping with academic failure. *Self and Identity, 4,* 263–287.

71) **... more likely to try again when they do fail:** Neely, M. E., Schallert, D. L., Mohammed, S. S., Roberts, R. M., & Chen, Y. (2009). Self-kindness when facing stress: The role of self-compassion, goal regulation, and support in college students well-being. *Motivation and Emotion, 33,* 88–97.

72) **... persist in their efforts to keep learning:** Breines, J. G., & Chen, S. (2012). Self-compassion increases self-improvement motivation. *Personality and Social Psychology Bulletin, 38*(9), 1133–1143.

73) **... internal family systems model of Richard Schwartz:** Schwartz, R. (1994). *Internal family systems therapy.* New York: Guilford Press.

第12章
セルフ・コンパッションと身体

74) **... standards of female beauty are so high:** Grogan, S. (2016). *Body image: Understanding body dissatisfaction in men, women and children.* London: Taylor & Francis.

75) **... powerful antidote to body dissatisfaction:** Braun, T. D., Park, C. L., & Gorin, A. (2016). Self-compassion, body image, and disordered eating: A review of the literature. *Body Image, 17,* 117–131.

76) **... help us appreciate our bodies as they are:** Albertson, E. R., Neff, K. D., & Dill-Shackleford, K. E. (2014). Self-compassion and body dissatisfaction in women: A randomized controlled trial of a brief meditation intervention. *Mindfulness, 6*(3), 444–454.

第13章
セルフ・コンパッションの進行する段階

77) **"We can still be crazy . . .":** Chödrön, P. (1991/2001). *The wisdom of no escape and the path of loving-kindness.* Boston: Shambhala, p. 4.

78) **"The goal of practice is to become a compassionate mess":** Nairn, R. (2009, September). Lecture (part of Foundation Training in Compassion), Kagyu Samye Ling Monastery, Dumfriesshire, Scotland.

第14章
人生を深く生きる

79) **. . . deeply held ideals that guide us and give meaning to our lives:** Hayes, S. C., Strosahl, K. D., & Wilson, K. G. (2011). *Acceptance and commitment therapy: The process and practice of mindful change* (2nd ed.). New York: Guilford Press.

80) **. . . such as freedom, spiritual growth, exploration, or artistic expression:** For a list of more than 50 common core values, see *http://jamesclear.com/core-values.*

81) **Thich Nhat Hanh says, "No mud, no lotus":** Nhat Hahn, T. (2014). *No mud, no lotus: The art of transforming suffering.* Berkeley, CA: Parallax Press.

第15章
自分を見失わずに他者のためにそこにいる

82) **. . . *mirror neurons:*** Rizzolatti, G., Fogassi, L., & Gallese, V. (2006). Mirrors in the mind. *Scientific American, 295*(5), 54–61.

83) **. . . resonating with the emotions of others:** Lloyd, D., Di Pellegrino, G., & Roberts, N. (2004). Vicarious responses to pain in anterior cingulate cortex: Is empathy a multisensory issue? *Cognitive, Affective, and Behavioral Neuroscience, 4*(2), 270–278.

第16章
辛い感情に向き合う

84) **. . . five stages of acceptance when meeting difficult emotions:** Germer, C. K. (2009). *The mindful path to self-compassion: Freeing yourself from destructive thoughts and emotions.* New York: Guilford Press.

85) **Research shows that when we label difficult emotions:** Creswell, J. D., Way, B. M., Eisenberger, N. I., & Lieberman, M. D. (2007). Neural correlates of dispositional mindfulness during affect labeling. *Psychosomatic Medicine, 69,* 560–565.

第17章
セルフ・コンパッションと恥

86) **... food, clothing, shelter, and connection:** Lieberman, M. D. (2014). *Social: Why our brains are wired to connect.* Oxford, UK: Oxford University Press.

87) **... shame is feeling bad about ourselves:** Tangney, J. P., & Dearing, R. L. (2003). *Shame and guilt.* New York: Guilford Press.

88) **... self-compassion allows us to experience our feelings:** Johnson, E. A., & O'Brien, K. A. (2013). Self-compassion soothes the savage ego-threat system: Effects on negative affect, shame, rumination, and depressive symptoms. *Journal of Social and Clinical Psychology, 32*(9), 939–963.

89) **... negative core beliefs that lie at the root of shame:** Dozois, D. J., & Beck, A. T. (2008). Cognitive schemas, beliefs and assumptions. *Risk Factors in Depression, 1,* 121–143.

第18章
人間関係でのセルフ・コンパッション

90) **"Hell is other people":** Sartre, J. (1989). *No exit and three other plays* (S. Gilbert, Trans.). New York: Vintage.

91) **Our capacity for emotional resonance:** Decety, J., & Ickes, W. (2011). *The social neuroscience of empathy.* Cambridge, MA: MIT Press.

92) **...** *downward spiral* **of negative emotions:** Garland, E. L., Fredrickson, B., Kring, A. M., Johnson, D. P., Meyer, P. S., & Penn, D. L. (2010). Upward spirals of positive emotions counter downward spirals of negativity: Insights from the broaden-and-build theory and affective neuroscience on the treatment of emotion dysfunctions and deficits in psychopathology. *Clinical Psychology Review, 30*(7), 849–864.

93) **Compassion is actually a positive emotion:** Klimecki, O. M., Leiberg, S., Ricard, M., & Singer, T. (2013). Differential pattern of functional brain plasticity after compassion and empathy training. *Social Cognitive and Affective Neuroscience, 9*(6), 873–879.

94) **... happier and more satisfying romantic relationships:** Neff, K. D., & Beretvas, S. N. (2013). The role of self-compassion in romantic relationships. *Self and Identity, 12*(1), 78–98.

95) **... adapted from the work of Paul Gilbert:** Gilbert, P. (2009). Introducing compassion-focused therapy. *Advances in Psychiatric Treatment, 15,* 199–208.

第19章
介護と子育てのセルフ・コンパッション

96) **. . . the pain centers of our own brains become active:** Lloyd, D., Di Pellegrino, G., & Roberts, N. (2004). Vicarious responses to pain in anterior cingulate cortex: Is empathy a multisensory issue? *Cognitive, Affective, and Behavioral Neuroscience, 4*(2), 270–278.

97) **. . . experiencing distressing and intrusive thoughts:** Maslach, C. (2003). Job burnout: New directions in research and intervention. *Current Directions in Psychological Science, 12*(5), 189–192.

98) **. . . the more vulnerable they may be to caregiver fatigue:** Williams, C. A. (1989). Empathy and burnout in male and female helping professionals. *Research in Nursing and Health, 12*(3), 169–178.

99) **. . . compassion fatigue is really "empathy fatigue":** Singer, T., & Klimecki, O. M. (2014). Empathy and compassion. *Current Biology, 24*(18), R875–R878.

100) **To sense the client's private world as if it were your own:** Rogers, C. (1961). *On becoming a person: A therapist's view of psychotherapy.* London: Constable, p. 248.

101) **One research study trained people for several days:** Klimecki, O. M., Leiberg, S., Ricard, M., & Singer, T. (2013). Differential pattern of functional brain plasticity after compassion and empathy training. *Social Cognitive and Affective Neuroscience, 9*(6), 873–879.

第20章
セルフ・コンパッションと人間関係での怒り

102) **. . . anger has positive functions:** Keltner, D., & Haidt, J. (2001). Social functions of emotions. In T. J. Mayne & G. A. Bonanno (Eds.), *Emotions: Current issues and future directions* (pp. 192–213). New York: Guilford Press.

103) **. . . it can lead to anxiety, emotional constriction, or numbness:** Dimsdale, J. E., Pierce, C., Schoenfeld, D., Brown, A., Zusman, R., & Graham, R. (1986). Suppressed anger and blood pressure: The effects of race, sex, social class, obesity, and age. *Psychosomatic Medicine, 48*(6), 430–436.

104) **. . . which is a surefire way to become depressed:** Blatt, S. J., Quinlan, D. M., Chevron, E. S., McDonald, C., & Zuroff, D. (1982). Dependency and self-criticism: Psychological dimensions of depression. *Journal of Consulting and Clinical Psychology, 50*(1), 113–124.

105) **. . . getting angry at others for no apparent reason:** Denson, T. F., Pedersen, W. C., Friese, M., Hahm, A., & Roberts, L. (2011). Understanding impulsive aggression: Angry rumination and reduced self-control capacity are mechanisms

underlying the provocation–aggression relationship. *Personality and Social Psychology Bulletin, 37*(6), 850–862.

106) **Anger, bitterness, and resentment are "hard feelings":** Christensen, A., Doss, B., & Jacobson, N. S. (2014). *Reconcilable differences: Rebuild your relationship by rediscovering the partner you love—without losing yourself* (2nd ed.). New York: Guilford Press.

107) **. . . chronic anger causes chronic stress:** For the effects of stress on the body, see *www.apa.org/helpcenter/stress-body.aspx.*

108) **Unmet needs are universal human needs:** Rosenberg, M. B. (2003). *Nonviolent communication: A language of life.* Encinitas, CA: PuddleDancer Press.

第21章
セルフ・コンパッションと許し

109) **But forgiveness must involve grieving before letting go:** Luskin, F. (2002). *Forgive for good.* New York: HarperCollins.

110) **The researchers found that participants who were helped:** Breines, J. G., & Chen, S. (2012). Self-compassion increases self-improvement motivation. *Personality and Social Psychology Bulletin, 38*(9), 1133–1143.

第22章
良いことを心から感じてみる

111) **it actively *generates positive emotions*:** Singer, T., & Klimecki, O. M. (2014). Empathy and compassion. *Current Biology, 24*(18), R875–R878.

112) **The psychological term for this is *negativity bias*:** Rozin, P., & Royzman, E. B. (2001). Negativity bias, negativity dominance, and contagion. *Personality and Social Psychology Review, 5*(4), 296–320.

113) **"Velcro for bad experiences and Teflon for good ones":** Hanson, R. (2009). *Buddha's brain: The practical neuroscience of happiness, love, and wisdom.* Oakland, CA: New Harbinger.

114) **. . . *intentionally* recognize and absorb positive experiences:** Hanson, R. (2013). *Hardwiring happiness: The practical science of reshaping your brain—and your life.* New York: Random House.

115) **. . . "broaden-and-build" theory:** Fredrickson, B. L. (2004). The broaden-and-build theory of positive emotions. *Philosophical Transactions of the Royal Society B: Biological Sciences, 359*(1449), 1367–1378.

116) **When one door of happiness closes:** Keller, H. (2000). *To love this life: Quotations by Helen Keller.* New York: AFB Press.

117) **Savoring involves mindful awareness of the *experience* of pleasure:** Bryant, F.

B., & Veroff, J. (2007). *Savoring: A new model of positive experience.* Hillsdale, NJ: Erlbaum.

118) **. . . simply taking the time to notice:** Jose, P. E., Lim, B. T., & Bryant, F. B. (2012). Does savoring increase happiness?: A daily diary study. *Journal of Positive Psychology, 7*(3), 176–187.

119) **. . . being grateful for the good things in our lives:** Emmons, R. A. (2007). *Thanks!: How the new science of gratitude can make you happier.* Boston: Houghton Mifflin Harcourt.

120) **. . . gratitude is also strongly linked to happiness:** Krejtz, I., Nezlek, J. B., Michnicka, A., Holas, P., & Rusanowska, M. (2016). Counting one's blessings can reduce the impact of daily stress. *Journal of Happiness Studies, 17*(1), 25–39.

121) **"One key to knowing joy is to be easily pleased":** Nepo, M. (2011). *The book of awakening: Having the life you want by being present to the life you have.* Newburyport, MA: Conari Press, p. 23.

122) **James Baraz tells this wonderful story:** Baraz, J., & Alexander, S. (2010). *Awakening joy: 10 steps that will put you on the road to real happiness.* New York: Bantam. Also see the video of James Baraz's mother, "Confessions of a Jewish Mother: How My Son Ruined My Life," at *www.youtube.com/watch?v=FRbL46mWx9w.*

123) **Sense and Savor Walk:** This practice is based on an exercise developed by Bryant & Veroff (2007), who found that walking in this way for one week significantly increased happiness.

124) **"To live is so startling . . .":** Dickinson, E. (1872). Dickinson–Higginson correspondence, late 1872. Dickinson Electronic Archives. Institute for Advanced Technology in the Humanities (IATH), University of Virginia. Retrieved February 8, 2018, from *http://archive.emilydickinson.org/correspondence/higginson/l381.html.*

125) **. . . an additional benefit of mindful eating:** Godsey, J. (2013). The role of mindfulness-based interventions in the treatment of obesity and eating disorders: An integrative review. *Complementary Therapies in Medicine, 21*(4), 430–439.

126) **. . . research shows that "counting your blessings":** For a review of this research, see Emmons, R. A. (2007). *Thanks!: How the new science of gratitude can make you happier.* Boston: Houghton Mifflin Harcourt.

第23章
自分の良さを認める

127) **We can apply the three components of self-compassion:** Neff, K. (2011). *Self-compassion: The proven power of being kind to yourself.* New York: William Morrow.

128) **. . . best-selling author and spiritual teacher Marianne Williamson:** Williamson, M. (1996). *A return to love: Reflections on the principles of "A course in miracles."* San Francisco: Harper One.

ガイド瞑想（英語版）一覧

Chapter	Track Number	Title	Run Time	Voice
Ch. 4	1	Self-Compassion Break	5:20	Kristin Neff
	2	Self-Compassion Break	12:21	Christopher Germer
Ch. 6	3	Affectionate Breathing	21:28	Kristin Neff
	4	Affectionate Breathing	18:24	Christopher Germer
Ch. 9	5	Loving-Kindness for a Loved One	17:08	Kristin Neff
	6	Loving-Kindness for a Loved One	14:47	Christopher Germer
Ch. 10	7	Finding Loving-Kindness Phrases	23:02	Christopher Germer
	8	Loving-Kindness for Ourselves	20:40	Christopher Germer
Ch. 12	9	Compassionate Body Scan	23:55	Kristin Neff
	10	Compassionate Body Scan	43:36	Christopher Germer
Ch. 15	11	Giving and Receiving Compassion	20:48	Kristin Neff
	12	Giving and Receiving Compassion	21:20	Christopher Germer
Ch. 16	13	Working with Difficult Emotions	16:01	Kristin Neff
	14	Working with Difficult Emotions	16:09	Christopher Germer
Ch. 18	15	Compassionate Friend	18:09	Kristin Neff
	16	Compassionate Friend	15:05	Christopher Germer
Ch. 19	17	Compassion with Equanimity	14:38	Christopher Germer

The tracks are available to download or stream from The Guilford Press website at *www.guilford.com/neff-materials*.

TERMS OF USE FOR DOWNLOADABLE AUDIO FILES

The publisher grants to individual purchasers of *The Mindful Self-Compassion Workbook* nonassignable permission to stream and download the audio files available at *www.guilford.com/neff-materials*. This license is limited to you, the individual purchaser, for personal use. This license does not grant the right to reproduce these materials for resale, redistribution, broadcast, or any other purposes (including but not limited to books, pamphlets, articles, video- or audiotapes, blogs, file-sharing sites, Internet or intranet sites, and handouts or slides for lectures, workshops, or webinars, whether or not a fee is charged) in audio form or in transcription. Permission to reproduce these materials for these and any other purposes must be obtained in writing from the Permissions Department of Guilford Publications.

ガイド瞑想（日本語版）一覧

該当章	瞑 想	声
第4章	スージング・タッチ	ハースのり子
	スージング・タッチ	富田 拓郎
第4章	セルフ・コンパッションを使ったひと休み	ハースのり子
	セルフ・コンパッションを使ったひと休み	富田 拓郎
第6章	優しい呼吸	ハースのり子
	優しい呼吸	富田 拓郎
第10章	自分への慈悲の瞑想	ハースのり子
	自分への慈悲の瞑想	富田 拓郎
第15章	コンパッションを与えて受け取る	ハースのり子
	コンパッションを与えて受け取る	富田 拓郎

以下の URL の中の専用リンクバナーを押して，ID とパスワードを入力してください。http://www.seiwa-pb.co.jp/search/bo05/bn979.html
　ID：mindful
　パスワード：guide001

索　引

あ
足裏を感じる ……………………………66
味わうこと ………………………………173
与える ……………………………43, 44, 47
アドレナリン ……………………………34
歩くことを感じとり，味わう …………175
安心 ………………………………………34
安心感 ……………………………………120
安全 …………………………1, 7, 34, 67, 84
安全な場所 ………………………………145

い
いい実践 …………………………………185
怒り ………………………………………155
痛み ………………………………………56
今の自分に何が必要か ………………7, 47
陰と陽 ……………………………42, 43, 44
インフォーマルな実践 ……………………8

う
ウェル・ビーイング ……………………29
うつ ………………………………………72
うまくいかずにがっかりする …………102
恨み ………………………………………156

え
エクササイズ ………………………………8, 43
エンドルフィン …………………………34

お
オキシトシン ……………………………34
穏やかにする ……………………42, 44, 46
思いやること ……………………………13

か
外見（見た目）…………………………92
介護と子育てのセルフ・コンパッション …………148
介護や子育てのストレスを減らす ……151
外的な要因 ………………………………111
身体 …………………………………68, 92
身体イメージ ……………………………92
身体にある感情に気づく ………………123
感謝 ………………………………………173
感情 …………………………………69, 156
感情にラベルをつける …………………123

き
嗅覚 ………………………………………49
脅威 - 防御システム …………………34, 84
境界線 ……………………………………148
共感 ………………………………………149
共感的共鳴 ………………………………118
共感疲労 …………………………………149
共通の人間性 …………10, 11, 13, 29, 35, 134, 179
共鳴する …………………………118, 149

く
苦痛 ………………………………………56
苦しみ ……………………………………38
苦しみにオープンになる ………………165

け
賢明になる ………………………………165

こ
好意 …………………………………71, 77
行動 ………………………………………161
幸福感 ……………………………………27
凍りつき …………………………………34, 35
五感 ………………………………………49
呼吸瞑想 …………………………………50, 114
心地よさ …………………………………120
孤立 ………………………………………35
孤立感 ……………………………………29
コルチゾール ……………………………34, 35
困難へのとらわれ ………………………29
コンパッション ………………1, 76, 149
コンパッション・フォーカスト・セラピー …………34
コンパッションとともに身体を動かす …………40
コンパッションとともに聴く …………122
コンパッションによる疲労 ……………149
コンパッションのある友達 ……………145
コンパッションの声 ……………………85
コンパッションを与えて受け取る ……120

さ
罪悪感 ……………………………………131
サポート …………………………………38

し
幸せ ………………………………………72
視覚 ………………………………………49

自己意識 …………………………………92
自己イメージ ……………………………34
思考とは …………………………………48
自己概念 …………………………………34
自己批判 ……………23, 29, 34, 35, 84, 106, 114
自己批判的 …………………………………7
自己憐憫 …………………………………22
自尊心 ………………………………24, 25
親しくなる ………………………………122
実践を続けるコツ ………………………185
慈悲 ………………………………………71
慈悲の言葉 …………………………76, 78, 81
慈悲の瞑想 ……………………4, 5, 71, 76, 81
自分の価値に沿った生き方 ……………112
自分の良さを認める ………………178, 182
自分への慈悲 …………………………81, 120
自分への優しさ ……10, 11, 13, 29, 35, 59, 112, 179
自分を認める ……………………………42
自分を許す ………………………………169
社会的交流 ………………………………118
女性性 ……………………………………42
触覚 ………………………………………49
神経科学 …………………………………49
進行 ………………………………………103
人生への満足感 …………………………27
人生を深く生きる ………………………108
親切 ………………………………………38
心拍変動 …………………………………35

す
スージング・タッチ ……………………36
ストレス反応 ……………………………35
スピリチュアリティー …………………70

せ
精神 ………………………………………68
性役割 ……………………………………42
セルフ・コンパッション
　………1, 2, 3, 4, 5, 7, 9, 11, 12, 20, 24, 57, 83, 112
セルフ・コンパッション尺度 ………29, 30
セルフ・コンパッションの生理学 ………34
セルフ・コンパッションの発展する段階 ……102
セルフ・コンパッションへの疑問 ………20
セルフ・コンパッションを実践する ……165
セルフ・コンパッションを使ったひと休み …………38
セルフ・コンパッションを使って自分と関わる ……15
セルフケア ………………………………148

そ
存在すること ……………………………13

た
耐える …………………………………122

他者を許す ………………………………167
楽しさ ……………………………………72
食べ物を味わう …………………………176
探索する …………………………………122
男性性 ……………………………………42
断絶 …………………………………140, 155

ち
誓い ………………………………………113
注意制御 …………………………………64
中核的価値 …………………………108, 110
中核瞑想 ……………………………52, 82, 120
聴覚 ………………………………………49

つ
つながり …………………………………140
つながること ……………………………13
辛い感情に向き合う ……………………127

て
抵抗 …………………………………55, 56, 62, 122
敵意 ………………………………………156
徹底的に受容する ………………………102
デフォルト・モード・ネットワーク …………49, 50, 51

と
動機づけ …………………………………83
動機づけを高める …………………43, 44, 47
闘争 …………………………………34, 35
逃走 …………………………………34, 35
トラウマ経験 ……………………………6

な
内的な批判の声 …………………………84
内的な要因 ………………………………111
なだめる ……………………………42, 44, 46, 126
悩み ………………………………………38

に
日常生活でのセルフ・コンパッション ……67
日常生活でのマインドフルネス …………53
日常の行為 ………………………………65
人間関係 …………………………………69
人間関係での苦しみ ……………………140
人間関係でのセルフ・コンパッション ……140

ね
ネガティビティ・バイアス ……………172
ネガティブ感情 ……………………72, 140, 172
ネガティブな中核信念 …………………132
ネガティブな中核信念に向き合う ……………133

の

脳内ネットワーク ……………………………149

は

バーンアウト ……………………………148
配慮 ………………………………………38
激しい感情 ………………………………156
励む ………………………………………102
恥 …………………………………5, 114, 131
恥に向き合う ……………………………136
爬虫類脳 …………………………………34
バックドラフト …………37, 63, 89, 135, 139, 183, 185
反すう ……………………………………35

ひ

悲嘆すること ……………………………164
必要なもの ………………………………77
批判的な声 ………………………………85

ふ

不安 ………………………………………72
フォーマルな実践 …………………………8
不快な感覚 ………………………………64
仏教 ………………………………………2
振り返り …………………………………8
古い痛み …………………………………63

ほ

欲しいもの ………………………………77
ポジティブ感情 …………………………72, 172
ボディ・スキャン ………………………96
哺乳類のケアシステム …………………34

ま

マインドフル・セルフ・コンパッション …………iii, 2
マインドフルネス
　……4, 5, 7, 10, 11, 12, 13, 29, 35, 48, 57, 58, 59, 134, 179

み

守る ………………………………43, 44, 46
守る責任を果たす ………………………165
マントラ …………………………………79
マントラの言葉 …………………………39

み

味覚 ………………………………………49
満たされないニーズ ……………………156, 159
満たされないニーズを満たす …………158
認める ……………………………44, 46
ミラーニューロン ………………………118

む

無抵抗の状態 ……………………………55

め

瞑想 ………………………………………8, 28

も

猛烈なコンパッション …………………161
目標 ………………………………………108

や

優しい呼吸 ………………………………50, 120
優しさ ……………………………………135
やわらかい感情 …………………………156, 159
和らぎ，なだめ，許す …………………123, 126

ゆ

許す ………………………………122, 126, 164
許そうとしてみる ………………………165

り

リソース ……6, 22, 29, 38, 109, 115, 119, 145, 149, 156, 157

わ

私には何が必要か ………………………77, 86

監訳者・訳者紹介

富田拓郎（とみた　たくろう）
中央大学文学部心理学専攻 教授。
博士（人間科学），臨床心理士，公認心理師。
1997年早稲田大学大学院人間科学研究科博士後期課程満期退学。
国立精神・神経センター精神保健研究所社会精神保健部流動研究員および特別研究員，同司法精神医学研究部研究員，東京都スクールカウンセラー，関西大学准教授，同教授などを経て現職。

大宮宗一郎（おおみや　そういちろう）
上越教育大学大学院臨床・健康教育学系 助教。
博士（医学），臨床心理士，公認心理師。
2013年千葉大学大学院医学薬学府環境健康科学専攻博士後期課程修了。
千葉大学社会精神保健教育センター特任研究員，筑波大学医学医療系社会精神保健学研究員，東京都児童相談センター電話相談員，東京都および千葉県スクールカウンセラーなどを経て現職。

菊地　創（きくち　そう）
中央大学大学院文学研究科心理学専攻博士後期課程在学。医療法人梨香会秋元病院心理士。
臨床心理士。
2015年中央大学文学部心理学専攻卒。2017年同大大学院文学研究科心理学専攻修士課程修了。

高橋りや（たかはし　りや）
中央大学大学院文学研究科心理学専攻修士課程在学。
2018年中央大学文学部心理学専攻卒。

井口萌娜（いぐち　もな）
2015年ハワイ大学マノア校卒業。生物学士号取得。2015〜16年ロンドン大学（UCL）にて摂食障害臨床栄養学修士号取得。
翻訳・通訳をするほか，MentorCONNECTをはじめとする組織で，メンターとして摂食障害当事者や家族をサポート。

著者紹介

クリスティン・ネフ博士　Kristin Neff, PhD

　テキサス大学オースティン校准教授であり，セルフ・コンパッション研究の先駆者。　著書には *Self-Compassion* があり、オーディオプログラムである *Self-Compassion: Step by Step* を作成している。またセルフ・コンパッションに関する非常に多数の研究論文を発表している。世界中で講義とワークショップを行っている他，クリストファー・ガーマーと共同で8時間のオンラインコース "*The Power of Self-Compassion*" を作成している。

　公式HP：www.self-compassion.org

クリストファー・ガーマー博士　Christopher Germer, PhD

　マサチューセッツ州アーリントンで，マインドフルネスとコンパッションをベースにした心理療法を行っている。またハーバード・メディカル・スクールならびにケンブリッジ・ヘルス・アライアンス［訳注：医学教育を行うためのハーバード・メディカル・スクールの系列病院］において非常勤講師を務めている。ガーマーは、瞑想と心理療法研究所 Institute for Meditation and Psychotherapy の設立メンバーで，著書には *Mindful Path to Self-Compassion*（一般向け），*Wisdom and Compassion in Psychotherapy*，*Mindfulness and Psychotherapy, Second Edition*（専門家向け）がある。また世界中でワークショップを行っている。

　公式HP：www.chrisgermer.com

マインドフル・セルフ・コンパッション　ワークブック
──自分を受け入れ，しなやかに生きるためのガイド──

　2019 年 10 月 19 日　初版第 1 刷発行
　2024 年 5 月 15 日　初版第 8 刷発行

　　著　　者　クリスティン・ネフ，クリストファー・ガーマー
　　監訳者　富田拓郎
　　訳　　者　大宮宗一郎，菊地　創，高橋りや，井口萌娜
　　発行者　石澤雄司
　　発行所　㈱星 和 書 店
　　　　　　〒168-0074　東京都杉並区上高井戸 1-2-5
　　　　　　電話　03（3329）0031（営業部）／ 03（3329）0033（編集部）
　　　　　　FAX　03（5374）7186（営業部）／ 03（5374）7185（編集部）
　　　　　　http://www.seiwa-pb.co.jp
　　印刷・製本　株式会社 光邦

Printed in Japan　　　　　　　　　　　　　　　ISBN978-4-7911-1035-3

・本書に掲載する著作物の複製権・翻訳権・上映権・譲渡権・公衆送信権（送信可能化権を含む）は
　㈱星和書店が保有します。
・ JCOPY 〈（社）出版者著作権管理機構 委託出版物〉
　本書の無断複製は著作権法上での例外を除き禁じられています。複製される場合は，そのつど事前に
　（社）出版者著作権管理機構（電話 03-3513-6969，FAX 03-3513-6979，e-mail：info@jcopy.or.jp）
　の許諾を得てください。

マインドフルネスそして
セルフ・コンパッションへ

苦しい思考や感情から自由になる

クリストファー・K・ガーマー 著
伊藤絵美 訳

A5判　364p　定価：本体2,700円＋税

科学的な説明と豊富なエクササイズを通して、「気づきのスキル（マインドフルネス）と自分に優しくするスキル（セルフ・コンパッション）」を日常の中で育んでいけるよう導く実践的なガイド。

マインドフル・
セルフ・コンパッション
プラクティスガイド

セルフ・コンパッションを教えたい専門家のために

クリストファー・K・ガーマー，
クリスティン・ネフ 著
富田拓郎 監訳　山藤奈穂子 訳

A5判　728p　定価：本体5,400円＋税

マインドフル・セルフ・コンパッションは、他者に向けるような優しさと思いやりを自分自身にもむけることで「心身の健康」や「困難からのレジリエンス」を向上させる実証的根拠のある心理プログラムである。

発行：星和書店　http://www.seiwa-pb.co.jp